初中数学拓展性课程开发与实施

叶立军　斯海霞　著

浙江工商大學出版社
ZHEJIANG GONGSHANG UNIVERSITY PRESS
·杭州·

图书在版编目(CIP)数据

初中数学拓展性课程开发与实施 / 叶立军,斯海霞著. — 杭州:浙江工商大学出版社,2020.7

ISBN 978-7-5178-3597-4

Ⅰ. ①初… Ⅱ. ①叶… ②斯… Ⅲ. ①中学数学课—初中—教学参考资料 Ⅳ. ①G634.603

中国版本图书馆 CIP 数据核字(2019)第 261234 号

初中数学拓展性课程开发与实施
CHUZHONG SHUXUE TUOZHANXING KECHENG KAIFA YU SHISHI

叶立军　斯海霞　著

责任编辑	吴岳婷
封面设计	林朦朦
责任印制	包建辉
出版发行	浙江工商大学出版社
	(杭州市教工路 198 号　邮政编码 310012)
	(E-mail:zjgsupress@163.com)
	(网址:http://www.zjgsupress.com)
	电话:0571-88904980,88831806(传真)
排　　版	杭州朝曦图文设计有限公司
印　　刷	杭州宏雅印刷有限公司
开　　本	710mm×1000mm　1/16
印　　张	11.25
字　　数	219 千
版 印 次	2020 年 7 月第 1 版　2020 年 7 月第 1 次印刷
书　　号	ISBN 978-7-5178-3597-4
定　　价	45.00 元

前 言

随着社会的不断发展,教育改革越来越得到人们的关注。教育作为培养人才的重要手段,顺应时代要求,不仅要培养高素质人才,更要注重培养多样性和创新性人才。义务教育在基础课程之外需要增加课程的多样性和选择性,初步为学生未来的职业选择打下基础,促进学生个性化和多样性的发展。

为此,浙江省教育厅于 2015 年发布文件,明确义务教育学校课程分为基础性课程和拓展性课程两大类。基础性课程是指国家和地方课程标准规定的统一的学习内容,旨在培养学生的全面基础素养;拓展性课程是指学校提供给学生自主选择的学习内容,旨在培育学生的兴趣特长。随着浙江省教育厅《关于建设义务教育拓展性课程的指导意见》的发布,浙江省各中小学校掀起了拓展性课程开发与实施的热潮。部分学校开始从拓展性课程的功能定位、培养目标等方面探索开发拓展性课程内容,建构拓展性课程管理与评价体系,从而形成本校特色课程。另外,由于拓展性课程不同于基础性课程,教师经验尚且不足,部分学校采取与高校合作、引入校外资源的方法,协同发展。也有学校将拓展性课程与核心素养内容结合,以培养核心素养为目标,开发教学内容,构建教学方式、课程结构以及评价体系。

为了更有效地保障义务教育阶段拓展性课程开发与实施,项目组联合省内各地数学教研员、特级教师与高校数学教育学者,共同编写初中数学拓展性课程教材《义务教育拓展性课程数学新探索》,并基于教材开展了多次名师拓展性课程教学观摩与研讨活动,取得了一定成效,本书的撰写即基于这些成果。

本书在理论上,厘清了数学拓展性课程的内涵、特征,提出了拓展性课程开发的基本原则及路径、教学原则及策略,为一线教师开发和实施拓展性课程提供了理论支持;在实践上,构建了"三环四步"数学拓展性课程课堂教学新模式,构建了课堂教学多元化评价体系,推进了课堂教学改革。

本书分为七章,第一章介绍了开设拓展性课程的必要性以及研究的意义和价值;第二章在对拓展性课程文献进行梳理的基础上,阐述了数学拓展性课程的内涵和特征;第三章阐述了数学拓展性课程开发的原则和路径,并以《义务教育数学拓展性课程数学新探索》为例,阐述了如何开发数学拓展性课程;第四章在研究数学拓展性课程课堂教学特征的基础上,提出了数学拓展性课程的教学策略;第五章分别以两所实验学校实施数学拓展性课程为案例,阐述了数学拓展性课程的实施策略;第六章以案例形式阐述了如何在课堂教学中实施数学拓展性课程;第七章对数学拓展性课程的开发与实施进行了展望。

本书在框架设计、内容安排、呈现方式及陈述方式上均体现了数学课程标准的理念,内容反映了数学教学改革的前沿。同时,本书定位明确、内容丰富、选材合理、结构严谨、叙述通俗,具有科学性、实用性、时代性、学术性等特点。

本书可作为高等师范院校的全日制本科生、研究生、教育硕士使用的教材或参考书,也可作为数学教师培训的教材,还可供中小学数学教师、教研员、中小学数学爱好者阅读。

本书由杭州师范大学叶立军、斯海霞策划、撰写,在撰写过程中,得到了浙江省教研室原初中数学教研员许芬英老师以及《义务教育拓展性课程数学新探索》编写组专家、老师的大力支持,也得到了实验学校教师的大力支持;富阳永兴中学的邵文鸿、段春炳老师以及海盐元通中学的郁卫军,柳丽丽等老师参与了本书部分章节的编写,所写章节在书中已经标注。杭州师范大学理学院部分研究生参与了课题的研究、论文撰写等活动,在此表示衷心的感谢。也感谢浙江工商大学出版社吴岳婷责任编辑为本书付出的辛勤劳动。

本书在编撰的过程中,吸收了许多专家学者的著作和研究成果,在此表示衷心的感谢。

由于本书作者学识有限,时间仓促,书中难免有不当之处,恳请各位专家、广大师生批评指正。

目　录

第一章 绪 论

第一节 拓展性课程开发与实施的背景

一、拓展性课程开发与实施现状

当前的中国正在从人口大国向人才强国转变,社会的发展也需要多样性的人才,习近平总书记多次强调要做好人才工作,突出人才工作在全局工作中的重要位置。教育作为培养人才的重要手段,顺应时代要求,不仅要培养高素质人才,更要注重培养多样性和创新性人才。义务教育在基础课程之外需要增加课程的多样性和选择性,初步为学生未来的职业选择打下基础,促进学生个性化和多样性的发展。

为此,浙江省教育厅借鉴上海市二期课改的三类课程分类法,于 2015 年发布文件,明确义务教育课程分为基础性课程和拓展性课程两大类。基础性课程是指国家和地方课程标准规定的统一的学习内容,旨在培养学生的全面基础素养;拓展性课程是指学校提供给学生自主选择的学习内容,旨在培育学生的兴趣特长。[①]在五年的时间里,课程开发不断推进,深化义务教育课程改革的工作重点开始更多地关注到拓展性课程的实施。数学拓展性课程的开发和实施有助于完善学生的逻辑性思维结构,发展数学素养,满足学生的个性化需求,同时丰富课程的多样性,促使学生的学习范围延伸到学科的各个角落。拓展性课程强调"人人都参与,人人有选择"[②],在实施基础性课程的基础上,更多地凸显教育的个性化、层次性发展,使学生可以接受差异化教育。

拓展性课程是新课程改革的一种产物,其开发目标与教育的根本目标一致,即

---

① 柯孔标. 义务教育拓展性课程的理论与实践探索[J]. 课程・教材・教法,2019,39(3):30-35.
② 柯孔标. 义务教育拓展性课程若干问题之我见[J]. 教学月刊小学版(综合),2016(Z1):3-5.

在传授知识的同时,注重培养学生的观察能力、分析能力和解决实际问题的能力,进而促进学生综合能力的提高。拓展性课程对于数学教学具有重要的现实意义。首先,拓展性课程打破了传统教学方式,将数学课堂与学生思维紧密结合在一起,有利于培养学生的发散思维,提高创新意识与创新能力;其次,拓展性课程有助于学生感知数学的广泛应用性,有利于培养学生的数学核心素养,树立正确的数学观;最后,拓展性课程赋予学生选择适合自己学习的课程的权利,有助于学生自身潜能的发挥。

随着浙江省教育厅《关于建设义务教育拓展性课程的指导意见》的发布,浙江省各中小学校掀起了拓展性课程开发与实施的热潮。部分学校开始从拓展性课程的功能定位、培养目标等方面探索开发拓展性课程内容,建构拓展性课程管理与评价体系,从而形成本校特色课程。另外,由于拓展性课程不同于基础性课程,教师经验尚且不足,因此部分学校采取与高校合作、引入校外资源的方法,协同发展。也有学校将拓展性课程与核心素养培育相结合,以培育核心素养为目标,开发教学内容,构建课程结构以及评价体系。然而,即便各校均大力开发该类课程内容,构建课程体系,但由于开发层次较浅、教师经验不足、管理与评价机制不够健全等原因,当前学校拓展性课程开发与实施中还存在以下一些问题。

1. 教师课程意识匮乏,教学目标异位

目前部分学校拓展性课程仅是为了使学生能适应信息化社会中知识的急剧增长和快速老化的状况,并没有将育人价值与核心素养融入教学目标之中,当教学目标偏离时,教学过程的导向便会偏离最初建设拓展性课程的初衷。由于对高效率教学的追求及受传统教学习惯的影响,教师的课程意识并没有与时俱进,即便课程改革一直持续进行,但是教师课程意识并没有紧跟其后,这在一定程度上制约着课程改革的实践和深化。

拓展性课程是在上海市二期课改的基础上逐步深化而来的,很多教师不愿更不知如何去更新自己的教育方式,对这一新兴课程感到恐惧,这就窄化了拓展性课程实施的渠道。由于这种课程意识的缺乏,拓展性课程也没有相应的标准加以制衡,导致拓展性课程教学目标的制定仅是相关课程目标的迁移,用普遍的教育价值取向代替具体的课程目标,导致不同领域间的界限模糊、目标雷同,结果造成了校内、校际同质化,缺乏校本化的特点。一个缺乏具体化、情境化的教学目标体系,势必造成目标的虚化、表层化甚至重复的现象。

2. 拓展性课程资源匮乏,缺乏配套教材

数学拓展性课程的开发与实施是学校办学理念和校园文化等方面课程化的体现,同时应该满足学生差异性的需求,促进学生个性化发展。相关课程文件中给出了指导思想、总体目标、主要任务和实施要求,对拓展性课程的开发与实施提出了统领性的要求。但与基础性课程不同,拓展性课程没有通行的课程标准、教科书和教学参考书,需要教师自己挖掘课内外资源组织教学。有一部分教师选择课外教材,且多为教材同步的例、习题,作为对同步知识点的补充,教学内容单一且与常规课程差别不大。若学校开发一套校本化的教材,不仅需要投入大量时间精力,而且受教师能力的限制。缺乏一套合适的数学拓展课教材是当前拓展性课程实施过程中存在的困难之一。

3. 教师开发与实施能力不足,缺乏专业理论与实践指导

数学教师是拓展性课程开发与实施的主要承担者,虽然他们理解拓展性课程的重要性,但对于如何实施数学拓展性课程仍然是一头雾水,长期以来,教师习惯于依赖教科书和教学参考书,不断地琢磨钻研、开展教学,但对拓展性课程开发与实施的能力有限,在改编教材时也是情景生硬,无法引起学生的兴趣。

大部分教师通过改编教材和选用课外材料来设计数学拓展课主题,但在课堂实施中,这些课往往变成了基础性课程的提升补充,即教师运用课外题目提升“学有余力”学生的成绩。造成这种现象的原因有以下两点:第一,教师在大学的课程学习中并没有接受过课程开发的相关知识和系统培训,缺乏相关的能力;第二,教师在进入工作岗位后,长期是课程的执行者,而非开发者,教师习惯于依照国家或地方教育部门的要求实施课程,逐渐失去了创造性。在课程开发与实施过程中,学校常将课程开发的重任放在教师身上。一线教师课程开发能力不足,又缺乏专业的理论与实践指导,使摸着石头过河的课程实施者更加迷茫,这也成为数学拓展性课程实施困难的主要原因之一。

4. 教学过程单一,不能凸显核心素养培育

在教学形式上,由于接受式学习的教学模式在大面积组织学生完成学习任务时的高效性,尤其是在启蒙式教学活动中的不可替代性,以接受式学习为重要手段的基础性课程,在学校教育中占据支配地位的现状不会被撼动。而这也导致了在拓展性课程执行过程中,教师缺乏相应的高效课程执行方法。一些教师教学生态比较单一,掌控着整个教学活动过程,不能有效利用课程生成性资源。此外,部分教师受传统教育思维理念限制,难以接受这种自主性的课程体系,导致数学素养的培育被机械练习所代替。

5. 应试导向明显,缺少专业引领

我国研究型课程实施在“具体操作中可能发生的错误是,学校会将研究型课程作为新的一门文化课给学生开设,最后还是变成教师主导型的授课,又回归到了传

统的教学方式,甚至有一些学校根本就不明白研究型课程是怎么回事"[1],而当下的拓展性课程同样出现此类问题。教师依旧以传统教学模式授课,缺少教育专家的引领。

调查发现:部分学校拓展性课程主要集中于竞赛辅导和学科知识提高,表现出极强的重复性;理科班学生甚至全都认为拓展性课程应具有竞赛辅导的功能。这一结果表明目前学生对拓展性课程的认知、期待与课程标准的要求相去甚远。面对升学压力大、应试教育深入人心等问题,中小学教师虽自知增加习题难度对学生能力的发展作用不大,却也无计可施。教育专家具备丰富的教育理念,若中小学教师缺乏与教育专家交流的意识,也将导致拓展性课程偏轨。

6.评价体系缺失,模仿现象明显

由于拓展性课程缺少完善的评价体系支持,评价主体的自主评价能力及意识仍有待提高。一方面,教师自身对拓展性课程实施中的学生评估有所欠缺,另一方面,学校对教师拓展性课程的评估不重视。这两类评估的欠缺在某种程度上影响课程组织的效度,导致课程实施质量偏低。另外,在没有完善与严格的评价体系约束下,拓展性课程存在模仿与照搬的现象。有些学校并没有结合学校与师生的实际去开发课程内容、组织课程实施。部分学校仅为了应付上级检查而停留在表面工作,只设有相关理论和虚无的体系,没有付诸于具体教学之中。加之学校对教师的评价也没有配套的评价内容与相应的评价标准,导致拓展性课程形式化严重、教学效率低下。

二、素养指向下的拓展性课程开发与实施

数学学科核心素养是学生通过数学学科学习而逐步形成的正确价值观念、必备品格和关键能力,它是数学课程目标的集中体现。浙江省于2015年启动的深化义务教育课程改革明确提出,将义务教育课程划分为基础性课程和拓展性课程两大类,并以发展学生核心素养为导向对两类课程建设分别提出相关原则和建议。

中小学数学基础性课程立足于学生全面发展,旨在培养全体学生在数学核心素养领域所应达到的共同基础,拓展性课程则是在基础性课程的基础之上,立足于学生个性化发展,对基础性课程内容进行适当延伸、应用和整合,为不同层次的学生提供充分发展数学核心素养的机会,开发和培育学生的潜能和特长。因此,拓展性课程的开发是落实数学核心素养的需要,为更好地在数学拓展性课程开发与实

---

① 孟祥林.美法日研究型课程设置之比较及对我国的启示[J].湖南师范大学教育科学学报,2004(6):84-87.

施中落实核心素养的培育,有必要从数学核心素养的研究背景出发,厘清数学核心素养的特征与意义。

(一)数学核心素养研究背景

数学核心素养的研究源于国外,1992 年我国《初级中学数学教学大纲》中首次出现数学素养一词,但没有对数学素养做出明确的界定;2000 年《九年义务教育全日制初级中学数学教学大纲(试用修订版)》中提出培养学生具有一定的数学素养;2003 年《普通高中数学课程标准(实验稿)》中提出令学生获得更高的数学素养;2006 年《全日制义务教育数学课程标准(修改稿)》及《义务教育数学课程标准(2011 年版)》(下称《标准》)中虽明确提出数学素养是现代社会每一个公民所必备的基本素养,同时提出了 10 个核心概念,但仍未对学科核心素养内涵进行界定。教育部 2014 教基〔4〕号文件提出:教育部将组织研究提出各学段学生发展核心素养体系,并且《标准》代表着数学素养正式向数学核心素养转型。从"数学素养"演化为至今的"数学核心素养"这一过程可以看出,我国对"数学核心素养"的研究尚处于初级阶段。且数学核心素养无论是在理论还是实践上,其研究都是有必要性及重要价值与意义的。

数学核心素养目前没有统一的界定,部分学者将数学核心素养界定为学生应具备的适应终身发展和社会发展需要的必备品格和关键数学能力,且主要讨论定义中的数学关键能力[1][2][3]。高中数学课程标准修订组[4]提出的六个数学核心素养:数学抽象、逻辑推理、数学建模、直观想象、数学运算与数据分析,本质上也是六种数学关键能力,它们提炼自《标准》的十大核心概念,不仅较好地凸显了数学学科的本质,而且从逻辑上较为完整。

(二)数学核心素养特征

1.习得性

数学核心素养是实现学生个人全面发展所必需的核心数学知识、数学能力和情感态度价值观,是数学知识、数学能力、数学态度、数学思考的综合性表现。学生的数学知识、数学技能在教师讲授下、习题训练中获得,然而数学态度与数学思考

① 朱立明,胡洪强,马云鹏.数学核心素养的理解与生成路径——以高中数学课程为例[J].数学教育学报,2018,27(1):42-46.
② 喻平.数学核心素养评价的一个框架[J].数学教育学报,2017,26(2):19-23,59.
③ 吕世虎,吴振英.数学核心素养的内涵及其体系构建[J].课程·教材·教法,2017,37(9):12-17.
④ 中华人民共和国教育部.普通高中数学课程标准(2017 年版)[EB/OL]. http://www.zgjsks.com/uploadfile/2018/0118/2018118191642.pdf.2018.[2018-02-01].

属于心理结构,必须在学习数学知识与培养能力的过程中受感悟而间接获得。这体现了数学核心素养的习得性。

2.阶段性

随着学生人生阅历的丰富和自身发展需求的提高,其应具备的数学核心素养会有所不同,对其培养方式和培养目标也应不相同,这就需要不同阶段的教育针对学生不同阶段的特点进行的培养。例如,在小学阶段,应重视培养学生的运算能力、归纳猜想能力,那么与之相关的数学知识就成了这个阶段学生需要掌握的核心知识,教师需以这样的核心知识作为载体来发展学生的数学核心素养;到了中学阶段,重在培养学生的逻辑思维,这时学生所需的数学核心素养也会随之改变。

3.持续性

数学核心素养是学生在一生的学习中,不断更新变化的动态系统。随着学生的成长及对认数学认识的角度和方式的多样化,其对数学本质的理解也会更深,学生的数学核心素养也会更加趋于完善,这表现了数学核心素养的持续性。

4.抽象性

数学核心素养不同于具体的数学知识(公式、定理、法则)可以通过训练短时间内获得,从教育的视角来看,数学核心素养应该强调反映数学情境、数学意义、数学建模导向和背景导向等四个方面。

(三)素养指向下的拓展性课程开发与实施

数学素养作为现代社会每一位公民应该具备的基本素养,是数学教育的一项基本目标,一直以来,国内外数学教育都将提高学生数学素养作为目标,无论是在课程实施还是评价上,数学素养都是一个重要指标。虽然各国对数学核心素养说法不一,但实质相同,其基本的诉求就是培养"真实性学力"。真实性学力不是虚假的应试能力,而需要有真实性学习来支撑,这就需要课程的改革和课堂的转型。因此,如何准确解读数学核心素养,全面分析数学核心素养及培养策略十分关键,这也将逐渐成为数学教育研究的热点问题。

一方面,在"立德树人"背景下,数学核心素养已成为数学课程改革的新指向,数学课程承担着落实学生数学核心素养的重任[1]。浙江省教育厅发布的《关于建设义务教育拓展性课程的指导意见》更明确指出以培养学科核心素养为导向建设知识类拓展性课程。另一方面,数学核心素养具有习得性、阶段性、持续性、抽象性的基本特征。在培养学生数学核心素养时,应注意把握数学内容的整体性、注重数

① 史淑莉.数学素养视阈下初高中数学衔接问题研究[J].数学教育学报,2017,26(4):30-33.

学教学的过程性、体现数学学科的思想性、提高"用数学"的自觉性等基本原则。在课程中探索落实数学核心素养是一项复杂的工程,虽然目前国际上尚未有关于数学核心素养的生成机制的具体范式,但这种探索也将有助于推进数学教育自身改革。

第二节　拓展性课程开发与实施的意义

拓展性课程是在国家课程、地方课程的基础上,针对不同个性的学生开设的既拓展学生知识又发展潜在能力的校本课程,它着重培养为学生终身学习打基础的发展性学力,并兼顾学生创造性学力的培养。拓展性课程的开发与实施具有以下意义。

一、是适应社会发展,培育学生数学素养与促进个性化发展的需要

当前中国社会正处于工业化、信息化、城镇化、农业现代化同步发展的历史时期,我国政府明确提出了加快建设创新型国家的战略决策,社会发展对人才的类型和层次的需求都趋向多样化。学校教育不仅要培养一大批拔尖创新人才,还要培养数以千万计的各行各业专门人才,更要培养数以亿计的具有较高技能水平、较高创造能力的知识型劳动者。义务教育课程必须增加选择性和灵活性,才能满足学生个性化学习和多样化成长需求。初中数学拓展性课程,属于知识拓展类课程,包括数学学科的研究性学习、数学专题教育等,课程以培养学生数学学科核心素养为导向,凸显兴趣性、活动性、层次性和选择性,旨在拓展学生的知识面,激发学生的学习兴趣,以促进学生数学素养的进一步形成和个性化发展。

二、为深化义务教育课程改革,切实有效地实施初中数学拓展性课程提供保障

在上述背景下,2015年浙江省教育厅下发的《关于深化义务教育课程改革的指导意见》(以下简称《意见》),首次把义务教育课程分成两大类:基础性课程和拓展性课程。要求学校尽可能开发多种类型的拓展性课程,让每个学生都有机会选择自己喜欢的学习科目和活动,了解自己的兴趣点,找到自己的长处。拓展性课程也赋予了学校针对自身特点对国家和地方课程在许可权范围内进行补充、发展、提升的职责与权利,为学校特色的形成和持续发展提供了机遇,但同时也对学校的办学能力提出了更高的要求。

依据浙江省教育厅《意见》精神,编写拓展性课程丛书,研究适合学校学生使用

的、有效的、具有示范性的拓展性课程开发与实施方法,有助于学校落实《意见》,切实有效地实施初中数学拓展性课程,从而实现保护和培养学生学习数学的兴趣、充分调动学生学习数学的积极性、开发和培育学生学习数学的潜能和特长的目的。

三、为完善学校课程结构,提高学校课程开发能力提供了发展契机

当前,拓展性课程在浙江省各个地区积极开展,但一些学校、一线教师对于拓展性课程的开发意义及育人目标概念不明,导致拓展性课程的实施失去了原本的味道,变成变相的作业整理课或知识提高课。究其原因,一方面,学校、一线教师对于拓展性课程的理念理解不清,在开发和实施过程中存在问题;另一方面,教育部门虽提出了拓展性课程的总方针和理念,却没有细化的实施方法和课程开发策略,学校层面也缺乏课程开发的能力。

事实上,拓展性课程作为学校课程的一部分,梳理初中数学拓展性课程的实施现状,有利于针对学校自身的薄弱点,取长补短地改进拓展性课程。了解一线教师的实施需求,从学校层面提供相关的资源支持,构建完善的课程评价机制,给教师足够的时间和精力开展数学拓展性课程,使实施过程有据可依,帮助教师解决课程实施方面的困难,使学校课程的整体结构更加丰富和完善。

四、有助于完善初中数学课程结构,提高教师对教材的有机整合与有效驾驭能力

长期以来,中小学都十分注重基础性课程的教学和研究,数学拓展性课程的开发与实施,不仅有利于完善初中数学课程结构,而且有利于提高教师对数学课程结构的整体认识、提升教师的教学能力;同时,有利于教师创新教学手段、完善教学方式、积累并迁移教学经验,促进教师的专业发展。

教师是拓展性课程开发、实践的主体,拓展性课程的实施对教师自身的学科素养提出了更高的要求,除了日常教学更需要教师转变角色,成为课程开发的一员,要求教师结合学生的实际,开设适合学生学情的数学拓展性课程。通过调查了解教师在拓展性课程实施过程中存在的困惑和问题,对其提出相应的改进策略,有助于教师转变教育理念,提高自身的专业水平和学科素养,更好地实施数学拓展性课程。

通过拓展性课程的开发与实施,亦能完善教师结构,培养一支"一专多能"的新型教师队伍,促进教师自身的专业化成长,形成教师与学生共同发展的良好局面。

五、是实践"学为中心",满足学生深度学习的需要

一方面,拓展性课程的开发与实施强调"学为中心",将课堂的主动权还给学生,为学生的个性化发展提供自由的情景,培养学生的创造性思维,发展数学核心素养;另一方面,通过调查了解学生对于拓展性课程实施的期望以及要求,可以帮助教师结合学生的实际情况开展拓展性课程的教学,也有助于学生厘清自身的需求,学会选择适合自己的拓展性课程,通过构建多元化的发展性评价有指导性地引导学生改善学习方式。

第三节 初中数学拓展性课程开发与实施的总体架构

为促进学生全面而有个性地发展,以适应社会发展对多样化人才的需求,浙江省于 2015 年启动深化义务教育课程改革,明确提出将义务教育课程分为基础性课程和拓展性课程。数学拓展性课程开发与实施已成为基础教育学校关注的热点,但也存在不少问题:学校缺乏课程开发能力;课程资源缺乏系统性、针对性;一线教师对拓展性课程开发与实施认识不足;拓展性课程教学模式陈旧,评价形式单一,难以体现数学拓展性课程的特征及教育功能等。为提高研究的针对性及有效性,项目组将研究问题聚焦为以下四点。

(1)如何从理论上厘清拓展性课程的基本内涵及特征、课堂教学特征及策略,以解决一线教师对拓展性课程育人价值和功能认识不到位的现象?

(2)如何开发数学拓展性课程教学资源,以解决一线教师课程开发能力不足、教学资源缺乏的现象?

(3)如何构建拓展性课程课堂教育新范式,以解决一线教师对拓展性课程课堂教学无所适从的现象?

(4)如何构建有效的教学评价体系,以解决当前教学评价与拓展性课程教学要求不相适应的现象?

自 2015 年起,项目组秉承"素养指向、学为中心"理念,组织高校、基础教育专家组成研究团队,以项目研究为抓手,围绕上述研究问题,开展初中数学拓展性课程开发与实施的实践探索,取得了一定成果(如图 1-1 所示)。

理论上,厘清了数学拓展性课程的内涵、特征,提出了拓展性课程开发的基本原则及路径、教学原则及策略,发表系列论文 10 多篇,完成专著《初中数学拓展性课程开发与实施》,为一线教师开发和实施拓展性课程提供了理论支持。

实践上,吸纳了 30 多所实验联盟学校,开展理论指导下的实践研究,开发教学案例 30 多个,出版专著《专家型数学教师课堂教学行为案例研究》,编写出版"生本学材"——《义务教育拓展性课程 数学新探索》(以下简称《数学新探索》)共 6 册,在省内乃至全国推广使用。同时,在杭州、桐乡等地开展系列数学拓展性课程课堂教学案例专题研讨活动,构建了"三环四步"数学拓展性课程课堂教学新范式以及课堂教学多元化评价体系,推进了课堂教学改革。

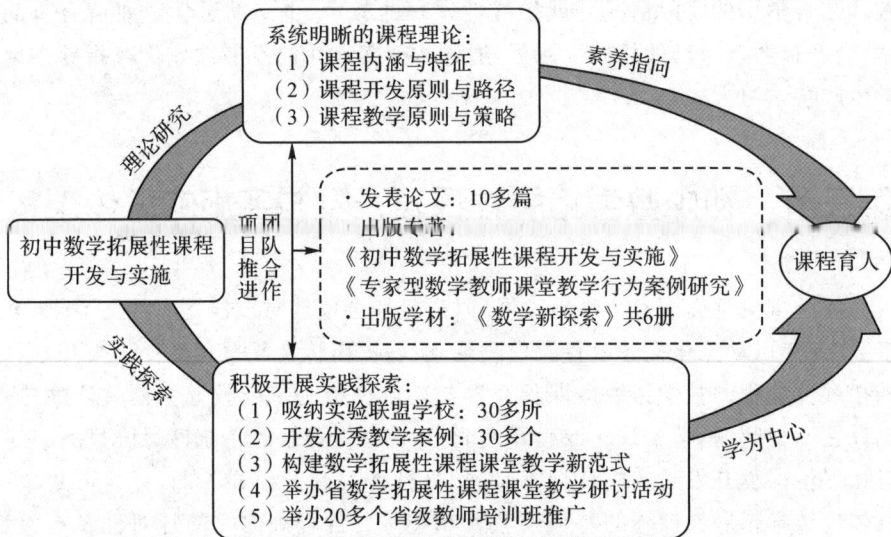

图 1-1　拓展性课程开发与实施框架图

第二章　数学拓展性课程的内涵

第一节　拓展性课程研究综述

拓展性课程是一个舶来品,国外拓展性课程的开发与实施起步较早,国内拓展性课程尤其是数学拓展性课程的开发与实施仍处于起步阶段。

一、国内拓展性课程的开发与实施仍处于起步阶段,有一定成果但也存在困惑

为贯彻执行《中共中央国务院关于深化教育改革,全面推进素质教育的决定》和《国务院关于基础教育改革与发展的决定》,全国部分省、区、市在加强基础性课程实施的基础上,开展拓展性课程的开发与实施,其中实施相对较好的是湖南省与上海市。

湖南省在 2000 年初便开始进行拓展性课程实验,开设拓展性课程(包括兴趣型课程、研究型课程、实践型课程、提高型课程),编写课程教材与《拓展性课程指导纲要》,组织课题研究成果交流。这一实验研究在加强了教师队伍建设的同时,有效地提高了学生的综合素质,并明确了拓展性课程的开发原则、理念,构建了"两性四型"的实验课程框架。其中,"两性"即基础性课程和拓展性课程;"四型"指提高型、兴趣型、研究型和实践型等从属于拓展性课程的四小类课程。

上海在二期课改中也将拓展型课程视为基础型课程的拓宽与延伸,将其作为重要的课程组成部分。其中初中数学拓展型课程虽然既有利于数学基础知识的巩固、加深与应用,又有利于培养、激发学生学习数学的爱好,为优秀的数学学生提供更好的学习舞台,但在初中数学拓展型课程开展过程中,一线教师也出现了一些困惑,如学生差异显著、缺乏具有系统知识的教材、缺乏相配套的学生练习、缺乏评价学生和教师的标准等。

2015 年,浙江省教育厅借鉴上海二期课改的课程分类方法,提出在义务教育阶段基础性课程基础上开设拓展性课程。上述国内开展拓展性课程的成果、经验

都为目前初中数学拓展性课程的开发和实施提供了借鉴。

二、国外拓展性课程的开发与实施起步较早,无固定模式但有支持系统

早在 19 世纪,英国的教育家斯宾塞就根据课程在学生发展中的功能大小来区分其不同的价值,设置相应的课程,开创了功能主义课程观的先河。美国的当代课程专家乔易斯·科艾特等人依据这一功能主义课程观,把中小学的课程分为核心课程、并行课程、支持课程和拓展课程,且在各类课程下都设置了一些具体的科目,比如拓展课程的科目包括创造性的艺术和体育,以补充学术性更强的核心课程。这些课程有助于发展学生适宜的闲暇活动,改善他们的生活方式,但是对提高学业成绩没有起到关键作用,从而成为课程链的末梢。

美国得克萨斯州在 1996 年修订的教育法规中规定,全州各学区包括从幼儿园到 12 年级的所有学校开设的必修课程应包括基础(foundation)课程与拓展(enrichment)课程。该法规还明确规定拓展课程的知识和技能不是教学必用,拓展课程不对学生进行州一级的测评。而且由于没有教学材料,拓展科目大多数都排除在教科书采纳制度的范围之外,在法规中建议开设的拓展科目也可能不会在所有学区全部开设。

美国的拓展性课程可以分为两个拓展维度:一是横向拓展(extension);二是纵向扩展(expansion)。两类拓展性课程都旨在发展学生的探究意识、探究精神和探究能力,但有不同的侧重:一类重视学生多领域知识上的发展;另一类则重视基础课程的深层探究。如今在我国课程改革中,探究型课程在全国各地纷纷开展,但往往没有一个具体的指导思想,横向、纵向拓展性课程被强硬地糅合在一起实施,其结果也往往适得其反。澳大利亚也有类似的例子,新南威尔士州教育法规要求该州学校开设主要学习领域课程与拓展课程。

无论是美国的还是澳大利亚的拓展性课程,从课程评价的角度来看都不如基础课程或主要学习领域课程那么重要,这也导致此类课程在学校计划里只能处于从属者的地位。但州、学区或学校开设拓展性课程自然有他们的考虑。州一级政府从地方利益出发,为适应"地方性教材"的需要,要求各学区自行制订符合地方需要的课程计划,编写全州适用教科书的教学材料。①

从国外拓展性课程的实践经验中我们也不难发现,它们没有固定的模式,但有一点是共同的,即各种拓展性课程的模式都需要有别于常规课程的支持系统,包括制度、学校机构和各种资源等。

---

① 王维臣.拓展课程的定位与设置——国外经验的启示[J].上海师范大学学报(哲学社会科学·教育版),2002,31(4):61—65.

三、数学拓展性课程的开发现状研究

拓展性课程的开发研究文献主要集中于小学阶段,且往往是一线教师自身课程开发的经验介绍和总结。

宏观方面研究主要是从宏观上探究拓展性课程的开发,关注拓展性课程的定位、理念、开发过程、内容、实施及评价。微观方面研究,一类是①聚焦于课程资源的开发与实施,分析初中数学课程资源特点,建议从知识综合、数学思想培养等六个方面开发课程资源;或②结合自身在参与开发、实施拓展性课程的过程中遇到的问题,提出基于教材、超越教材进行拓展性课程内容的设计;也有作者对浙教版教科书中的呈现进行数据整理,确定了开发原则和开发路径,并提炼出拓展性课程的开发流程:提出问题—解决问题—链接历史—拓展应用—回顾反思—评价反馈。另一类是聚焦于拓展性课程评价方式的构建,提出从评价原则、评价方式、评价内容三方面对学生在拓展性课程中的学习状况和效果进行评价③。

四、数学拓展性课程的实施现状研究

目前对于拓展性课程实施现状的研究较少,主要有以下两种。

第一,利用调查问卷或者访谈,对教师进行调查,了解拓展性课程的开发或实施现状。通过对比浙江省城镇和农村小学教师的问卷调查结果发现,小学教师普遍认同拓展性课程理念④,但拓展性课程开发总体上专业水平不高,特别是在具体操作中,教师遇到的技术性困难无法解决。通过访谈调查 10 所小学拓展性课程的实施情况,发现实施中存在学生自主选择有限、课程虚设⑤等问题。也有学者⑥采用随机抽样的方法,通过各地教研室发放问卷对温州市城镇、农村共 602 名初中数学教师从拓展性课程观念的认识、课程资源、课程内容与评价三方面进行调查,发现开发与实施中存在以下问题:①缺少明确的课程目标;②教师欠缺开发隐形课程

① 郑宏超.初中数学拓展性课程资源开发的研究[J].课程教育研究,2016(8):163-164.
② 徐晓红.基于教材,超越教材——例谈初中数学拓展性课程内容的设计[J].中学数学杂志,2016(10):16-18.
③ 王新旺.初中自主拓展型课程的学生评价方式之构建[J].上海教育,2015(21):75-76.
④ 顾美丽,熊伟荣.小学教师拓展性课程开发的现状与改善策略[J].浙江教育科学,2017(1):18-20.
⑤ 陈莹翘,金家伊,程璐,谢冯洁,林艳瑞.小学拓展性课程实施现状及改进建议——以 LH 市为例[J].课程教育研究,2018(11):15-16.
⑥ 何萍,章才岱.初中数学拓展性课程开发与实施情况调查研究——以温州市为例[J].中学数学月刊,2018(11):38-40.

资源的能力;③目前的开发水平层次较低。

第二,具体某校拓展性课程实践经验或案例设计的介绍。如融合 STEAM 理念所开展的小学数学拓展性课程的实践,提出 STEAM 理念下的小学数学拓展性课程要求:确立多元化的教学目标、整合主题式的教学内容、开展实践性的教学活动等①。

五、国内外同类研究现状对目前拓展性课程开发与实践的启示

拓展性课程的开发与实施既是当今发展学生核心素养、满足课堂教学的需要,又是新时代发展不可或缺的需要。中小学应响应课程改革要求,调整学校课程结构,实施数学拓展性课程。国内拓展性课程的开发与实施整体上仍处于起步阶段,上述研究表明数学拓展性课程的开发与实施还存在以下问题。

第一,课程内涵缺少系统研究。数学作为一门主要课程,承担着培养学生数学素养的重任,数学拓展性课程有其自身学科的内涵特点,学者们需针对数学这门学科自身的特色对课程目标、课程理念等进行深入的研究。

第二,小学阶段拓展性课程开发的相关研究较多,缺少初中阶段的系统研究。小学阶段的升学压力较小,且小学生的思维正在从形象思维过渡到抽象思维,课程形式的开展更加丰富多样。但是大多数学拓展性课程的开发研究只是实践经验的总结,缺乏实证研究。且小学阶段的开发模式难以直接套用于初中阶段数学拓展性课程的开发。

第三,对于数学拓展性课程实施现状的研究主要集中于对教师的问卷调查和访谈或一线教师对于优秀实践经验的介绍。学生是学习的主体,数学拓展性课程的实施主要是为了满足学生个性化学习的需要,仅仅从教师层面了解目前的实施现状略显片面。

当然,已有的拓展性课程的实践经验有助于我们更好地认识、把握拓展性课程的精髓,并贯彻于中小学的课程实践之中。

首先,在开发拓展性课程之前,须明确拓展性课程的目标和课程计划,以便学生有重点地选择一类拓展性课程参与学习。其次,注重拓展性课程教材的编写、实施与评价。美国拓展性课程的开发有一个很重要的特点,即课程目标、内容、实施和评价方式的确立是由学校、教师、学生及社会力量等共同参与完成的。但我国学校和教师已习惯于实施现成的课程,按照现成的教材和教参,组织教学、实施课程。最后,拓展性课程师资培养是课程顺利实施的关键。拓展性课程的学习无法通过

---

① 朱元华.STEAM 理念下的小学数学拓展性课程实践研究[J].课程教学研究,2017(10):88-94.

大规模的集体授课来完成,而需要教师不断地、有针对性地通过小班教学来完成,其活动的开展形式也主要是小组形式。教师能否顺利地参与到拓展性课程的开发与实施中,并使课程的价值得到体现,是一个不可忽视的问题。在我国师资紧缺的情况下,拓展性课程师资培养显得尤为重要。

第二节　拓展性课程的内涵与价值

一、拓展性课程的内涵

拓展性课程由美国拓展课程发展而来,在美国,拓展课程作为独立的课程,是中小学课程的组成部分。根据得克萨斯州在 1966 年颁布的教育法规,要求全州从幼儿园到中学开设拓展课程,作为必修课程的一部分。目前研究中对于拓展性课程的内涵还没有一个统一的界定,它的性质被较多地定义为"为特殊才能学生准备的学习内容"①②。当时美国的专家学者对拓展课程应该学习哪些内容持不同的观点,主要分为横向拓展课程和纵向拓展课程。此外,美国民间青少年组织 4-H 开展中小学拓展课程项目,与中小学开展合作,在上课期间开设拓展课程,以补充中小学的核心基础课程。

1998 年,上海二期课改中提出了基础型课程、拓展型课程和研究型课程理念。其中拓展型课程是体现不同基础要求、具有一定开放性的课程。要求拓展型课程体现办学理念,促进学生多样化发展。

有关拓展性课程的概念,不同的学者给出的界定侧重点大有不同。有些学者侧重于将知识作为开展数学拓展性课程的基础,认为拓展性课程的主要载体是课程知识,通过挖掘课程知识,拓展课程;也有学者强调拓展性课程要符合学生的差异性,侧重于拓展性课程的空间拓展,强调将局限的课堂教育拓展开来,把课堂上的知识内容延伸到生活中去,引导学生注意到课堂知识中所隐含的文化内涵、生活知识和其他意义。

2015 年,浙江省教育厅提出在义务教育阶段基础性课程基础上开展拓展性课程。基础性课程是指国家和地方课程标准规定的统一的学习内容,旨在培养学生的全面基础素养;拓展性课程是指学校提供给学生自主选择的学习内容,旨在培育

①　王维臣.美国中小学的拓展课程[J].外国中小学教育,2002(3):30-32,38.
②　兰祖利,里斯著.丰富教学模式——一本关于优质教育的指导书[M].华华,等,译.上海:华东师范大学出版社,2000.

学生的兴趣特长。对于学生而言,基础性课程是全班同学一起学、不能不学,拓展性课程则可以根据自己的兴趣选择学或不学。

为更好地理解拓展性课程,还需厘清下列几组概念[①]。

首先,国家课程、地方课程和校本课程(简称"三级课程")与基础性课程、拓展性课程(简称两类课程)的关系。三级课程是从管理权的角度所做的划分,两类课程是从教育功能上做的分类。三级课程和两类课程呈不完全交集的关系,国家课程的教学内容大部分是基础性课程,少量是拓展性课程;地方课程的教学内容,一部分是基础性课程,还有一部分可转化为拓展性课程;校本课程的少量内容为基础性课程,大量内容应该开设成拓展性课程。

其次,基础性课程与拓展性课程的关系。从操作层面上看,两者唯一的不同在于是必学还是选学,拓展性课程是学生自主选择修习的课程。拓展性课程以培育学生的主体意识、完善学生的认知结构、提高学生自我规划和自主选择的能力为宗旨,着眼于培养、激发和发展学生的兴趣爱好,满足差异化学习的需要,开发学生的潜能,促进学生全面而有个性的发展,是一种体现不同基础要求、具有一定开放性的课程。

最后,拓展性课程与原有社团的关系。两者在选择性、兴趣性上是一致的,区别主要体现在全体性、层次性和规范性上。学校的社团活动主要为特长生开设,通常由部分学生自主组织、自愿参加,不要求全体学生参加学习,学习自由度较大。拓展性课程是每个学生必须学习的,强调全体参与,可以是"扬长"型课程,也可以是"补短"型课程。

二、拓展性课程的价值

第一,拓展性课程有助于学生的个性化发展。基础性课程的教学模式主要以传统教学为主,迫于学业压力,学生紧跟教师的教学节奏,常会失去独立思考的空间与独立的个性。拓展性课程学习则为学生提供了个性化发展的机会,学生可以选择自己感兴趣的数学内容,并在参与拓展性课程的学习中感受丰富的数学世界与数学文化。

第二,拓展性课程能够促进学生自主选择性学习能力的形成。当今中小学生自主选择能力较差,这种情况来源于家庭和学校,有些学生生活起居一直由父母一手操办,主见与立场日益被削弱,加之学校各个学科的负担,学生只能顺从。而拓展性课程是学生可以自我选择的课程,这在一定程度上能促进学生提高自主选择

[①] 柯孔标. 义务教育拓展性课程的理论与实践探索[J]. 课程·教材·教法,2019(3):30-35.

性学习能力,体现学生自身的价值。

第三,拓展性课程有助于促进学生个性发展的课程评价体系建立。传统的评价体系通常只进行数学测试,缺乏过程性评价以及其他形式的评价,而拓展性课程则关注学生学习的过程,注重学生自评与互评,有助于构建多元化的课程教学评价体系。

第三节　拓展性课程的特征

当前,随着义务教育阶段课程改革的不断深入,拓展性课程已成为学校课程的重要组成部分,它对落实学校的育人目标、培养学生的主体意识、完善学生的认知结构、拓宽学生的学习渠道、改善学生的学习方式、提高学生的自我管理和自主选择性学习能力、形成学生的自我发展方向具有重要的意义。

2014 年,教育部印发《关于全面深化课程改革落实立德树人根本任务的意见》,第一次提出"核心素养体系"的概念。自此,如何培育学生核心素养成为我国课程发展的基本指导思想,但如何将核心素养落实到课程,是其实现的难点。而拓展性课程的开发与实施是教育发展到新阶段的时代要求,是今后教育发展的方向。拓展性课程以提供可选择性内容供学生自主学习与自由成长为目的,有别于基础性课程对学生基本素质的综合培养。它是一种探索性的教育实践,不同于基础性课程的教育模式,在具体实施过程中有以下鲜明的特征。

一、差异性

各级各类学校的拓展性课程内容可以不尽相同,由学校根据自身特点和条件自主进行课程建设。而且,拓展性课程以满足学生不同层次发展以及适应社会多样化需求为目标,既可以"扬长",也可以"补短"。

二、前瞻性

拓展性课程以促进学生更好地适应未来社会和终身发展为着眼点,以培育学生的核心素养体系为导向,培育学生的高阶能力。它能够通过实时更新教学内容紧跟时代发展,补充因基础性课程的滞后性造成的知识缺失。

三、综合性

拓展性课程通过横向跨越具体学科、纵向贯穿知识结构设置"跨学科"问题,以某一个知识为触点,形成以自我学习、自我认知为基础的知识网络,让学生拥有在探究中建构对世界全面的认识,培养最大化信息搜索的能力。

四、主题性

拓展性课程选取某个知识节点作为一个独立内容展开主题式教学,通过提炼生活实际问题,让学生拥有在真实情境中深入思考,获得直接经验,积累有意义的学习"经历"。

第三章　数学拓展性课程开发的实践探索

如何以培养数学核心素养为导向,选择与组织拓展性课程教学内容是影响课程开发与实施效果的关键因素,同时也是学校开展拓展性课程建设的薄弱环节。教材编写是影响学生拓展性课程"学习机会"的重要因素,是拓展性课程开发与实施的重要组成部分。本章以浙江省初中数学拓展性课程教材《义务教育拓展性课程数学新探索》(以下简称《数学新探索》)的开发为载体,介绍拓展性课程开发的原则与路径。

第一节　数学拓展性课程开发的原则与路径

拓展性课程旨在保护和培养每一位学生的学习兴趣,充分调动每一位学生的学习积极性,开发和培育每一位学生的学习潜能和特长,让每一位学生愉快学习、幸福成长。拓展性课程遵循"学为中心"的课程理念,以学生为主体,以学生的视角设计课程内容,让学生经历自主探索、合作交流的过程,增强学生发现和提出问题、分析和解决问题的能力。具体开发原则与路径如下。

一、数学拓展性课程开发的原则

(一)围绕立德树人强化育人目标

拓展性课程强化学科德育,落实课程思政,实现育人价值。拓展性课程通过深入挖掘课程内容的德育元素,在教学中渗透学科育人功能,寓教于乐,发展学生的德育素养。如"分式比大小:哪种加油方式更合算",既渗透了勤俭节约的传统美德,也渗透了"勿以善小而不为,勿以恶小而为之"的德育思想。

(二)基于数学学科构建课程体系

当前,不少拓展性课程打破了学科课程体系,忽略学科知识间的关联性,出现了拓展性课程知识碎片化的现象。《数学新探索》秉承"学为中心"的理念,把数学教材作为拓展性课程重要资源,重视知识间的内在联系,深入挖掘教材中的显性知识和隐性知识,并对教材中的知识进行适当的拓展和延伸,构建了拓展性课程体系,实现了拓展性课程知识的逻辑化和系统性。

(三)生活内容数学化,实现教育内容课程化

数学来源于生活,又服务生活。拓展性课程的开发要充分考虑学生的认知规律和年龄特征,课程内容的选择要贴近学生的生活实际。《数学新探索》把数学知识与生活实际相融合,帮助学生深入浅出地学习知识,提高学生的知识迁移能力和实际问题解决能力,实现教育内容课程化。如"生活中的数学:水费怎样计价"的内容源于生活实际,贴近学生的生活,体现了数学的应用价值。

(四)渗透数学思想,实现核心素养校本化

在我国,发展学生的核心素养已成为深化课程改革、落实立德树人教育目标的基础。《数学新探索》在编写过程中十分重视渗透数学思想,培养学生的数学核心素养。例如,"用生锈圆规作图"体现了数学化归思想,"三角形的分割:能分割的等腰三角形有几种"体现了有序思考和分类思想。通过这些拓展性课程的学习,来实现数学核心素养的校本化。

二、拓展性课程开发的路径及案例

(一)游戏激趣,激发数学学习兴趣

数学游戏是以数学知识为目的,以游戏教学为手段的一种数学教学形式。数学游戏可以提高学生的求知欲,激发学生学习的兴趣,在游戏中潜移默化地培养学生的数学思维。传统的数学课堂教学很少以数学活动展开,因此数学游戏可以弥补基础性课程对学生核心素养培养的缺失,作为拓展性课程的开发路径。

【案例】《数学新探索》七上第 2.4 节"借助扑克牌学数学:'24 点'数学游戏"。本节是以扑克牌凑 24 点的方式展开数学教学,章节的问题部分如下:一副扑克牌中抽去大小王剩下 52 张,把 A,J,Q,K 分别看成 1,11,12,13。从中任意抽取 4 张牌,用加、减、乘、除、乘方等运算符号(可加括号)连接,使牌面上的数的运算结果是24,每张牌必须用一次且只能用一次。

案例将有理数的混合运算与生活中常见的扑克游戏相联系,借助扑克牌的点数计算出"24 点",并总结出用扑克牌凑出"24 点"的计算规律。通过游戏与数学知

识的联结,让学生体会到数学的应用之广、乐趣之多,以激发学生学习数学的兴趣。

(二)文化熏陶,丰富数学教育内涵

数学既是科学又是一种文化。了解数学文化,可以厘清知识发生发展脉络,培养学生学习数学的态度,避免学生片面认识数学。数学文化在基础性课程的课堂教学中容易被教师忽视,因此教学中加入数学史料对数学教育有着很大的意义,将数学文化作为拓展性课程的开发路径之一,可以丰富数学教育内涵,提高学生的民族自豪感,产生数学文化共鸣。

【案例】《数学新探索》九上第 3.7 节"名题欣赏　化圆为方"。"化圆为方"是古希腊三大作图问题之一,即求一正方形,使其面积等于一给定圆的面积。此节的学习目标为:①了解并欣赏关于圆的古代经典数学问题,感受圆形的美妙、神奇,激发数学学习兴趣;②掌握并能够利用圆的基本性质解决相关问题。

案例涉及三个与数学史相关的问题,分别是希腊几何学家希波克拉底提出的"月形定理"、中国《九章算术》中的"圆材埋壁"问题和婆罗摩笈多定理。通过将数学史与圆的知识相联系,让学生在了解数学历史、产生文化共鸣的同时拓展了关于圆的知识。

(三)实验探究,引发数学好奇心

拓展性课程倡导以学生自主探究为主,提倡课内外学习融合。数学实验教学是以问题为出发点,以获得数学结果为目标,充分展示探究过程的教与学的活动。因此拓展性课程的开发以数学实验为路径,可以激发学生学习数学的求知欲,培养学生独立思考和合作交流的意识,提升学生的探究能力。

【案例】《数学新探索》九上第 4.5 节"高度的测量方法　校园中的古树有多高"。案例的学习目标如下:①通过计算测量树的高度的方案,掌握测量高度的不同方法,巩固特殊三角形、相似三角形等有关知识,积累高度测量的基本活动经验;②通过小组合作,实地操作测量,增强动手操作能力和合作意识,经历成功的体验,激发学习数学的兴趣;③熟悉测量工具的使用技能,了解使用小镜子的物理原理。

案例让学生借助多种方法测量出古树的高度,经历完整的数学实验过程。开展数学实验专题,可以引发学生的求知欲,促进学生综合能力的提升。

(四)联系生活,培养数学建模思想

课程内容的选择要贴近学生的实际是数学课程标准中的基本理念,把实际生活中的知识内化为课本知识,不仅能丰富拓展性课程的内容,也可以培养学生的数学建模思想和问题解决意识,因此从实际生活中抽象出数学知识也是开发拓展性

课程的有效途径之一。

【案例】《数学新探索》九上第 3.2 节"数学建模 隧道的限高是怎么确定的"。案例中的引言部分如下:我国《城市道路工程设计规范 CJJ 37—2012》规定:高速公路、一级公路、二级公路上的隧道限高为 5 米,三级公路、四级公路上的隧道限高为 4.5 米。隧道的限高是怎么确定的?为什么不同等级公路隧道的限高不一样呢?学习目标如下:①通过经历隧道限高确定的过程,进一步掌握垂径定理和勾股定理的应用;②理解运用"弓形"等数学模型解决生活中隧道问题的方法,感受数学的应用价值。

案例是将日常生活隧道中蕴含的数学知识内化为拓展性教材中的内容。在隧道限高的背景下,抽象出数学问题,并且利用垂径定理和勾股定理的数学知识解决数学问题,最后解决实际问题。把生活中的知识内化为拓展性课程的知识,可以促进核心素养中数学建模思想的形成,培养问题解决意识。

(五)挖掘隐性知识,渗透数学思想

数学思想是培养学生核心素养的基本要素之一,学习数学思想方法可以帮助学生厘清数学知识形成的过程,锻炼学生的逻辑思维能力。关注教材中的隐性知识,挖掘其背后的数学思想,并将数学思想渗透于拓展性课程当中为拓展性课程的开发路径之一。

【案例】《数学新探索》八上第 1.7 节"探求证明的思路 你是怎样想到的"。该节在问题部分呈现了一道关于全等三角形的证明题,然后用两种思路解决该问题,其中问题的归纳部分如下:①思路一的思考方法是由已知条件,结合已经学过的正确结论(包括定义、定理等),逐步推出未知结论的方法,即"由因导果",这样的思维方法叫综合法;②思路二的思考方法是从要证的结论出发,逐步探索使结论成立的理由,最后回到已知条件,这样的思维方法称为分析法,可概括为"执果索因"。

案例在全等三角形的证明过程中渗透数学思想方法,即综合法和分析法,使学生进一步掌握数学推理和证明的方法,提高逻辑思维。通过潜移默化地渗透数学思想方法,可提高学生分析和解决问题的能力。

(六)适度拓展基础知识,开阔数学视野

拓展性课程是基础性课程的延伸和应用,以基础性课程中的知识为依据开发拓展性课程可以对基础性知识起到有效的补充作用。适度地拓展基础知识,不仅可以加深学生对基础教材知识的理解,还可以开阔学生地数学视野,不断提升学生的数学能力。

【案例】《数学新探索》八上第 2.3 节"勾股定理拓展:寻找勾股数"。案例中的

教学进度为:在学习课本第 2.7 节"探索勾股定理"后研究这个课题。学习目标如下:①通过一些特殊的勾股例子,寻找一般勾股数的规律;②能够判断一组数是不是勾股数,并进行证明。

案例是对基础课程中勾股定理内容的拓展,基础教材中介绍了勾股定理及其逆定理,本节是在其基础上继续探究勾股数的规律,通过学习可以加深学生对勾股定理的理解,开阔数学视野,提升数学能力。

总之,有效的课程开发路径有利于拓展性课程的实施,激发学生的兴趣,促进学生个性化发展,增强学生的自主选择意识,实现课程育人价值。

第二节　《数学新探索》开发过程与特征

随着义务教育阶段课程改革的不断深入,拓展性课程已成为学校课程的重要组成部分,浙江省是全国高中课程改革的先行区,"让学生学会选择"是高中课程改革的重要目标,义务教育阶段的学生也要有机会学习自己感兴趣的科目和领域。为此,浙江省教育厅 2015 年颁发《关于深化义务教育课程改革的指导意见》,首次明确提出将义务教育课程分成基础性课程和拓展性课程,并在随后发布的《关于建设义务教育拓展性课程的指导意见》中对拓展性课程开发与实施的要求予以说明,明确指出以培养学科核心素养为导向建设知识类拓展性课程。

为有效推进初中数学拓展性课程的开发与实施,浙江省教研室组织省内各地数学教研员、特级教师,联合高校数学教育学者编写了初中数学拓展性课程教材《数学新探索》。

一、《数学新探索》开发背景

浙教版初中数学基础性课程教材对知识结构进行了调整,设置了"探究活动""设计题"和"课题学习"等栏目,其意图在于让学生经历知识的发生过程,给他们提供探索、实践和创新的机会。教材还引入了"阅读材料",旨在让学生接触有"趣"的数学史,开阔他们的数学视野。但在实际的教学生活中,这些具有特定教学功能的内容却陷入了"高价值低使用"的尴尬境地。对于"阅读材料"(约 24 篇),教师们在课堂上往往说得最多的一句话是"有兴趣的同学可以课后自己阅读",这样"一言以蔽之";对于"课题学习"或"设计题"(约 28 处),这些与考试不直接相关的内容似乎没有进入教师的教学视野,难以"引起关注";对于"探究活动"或类似探究的"习题"(约 37 处),教师在教授这些既具有一定趣味性又带有较高研究价值的内容时,往往"简单化"处理,"匆匆走过场";对于涉及生活内容的表述、图片等(达 174 处),少有教师对其进行充分利用并予以深度教学,教师似乎"无心挖掘"这些生活元素。

教材编写项目组在坚持落实基础性课程的基础上,基于浙教版初中数学基础性课程教材内容,围绕"阅读材料""探究活动""课题学习""生活元素"开展了数学拓展性课程的构建与实施研究。

二、《数学新探索》开发原则

《数学新探索》是浙教版初中数学课本内容的适当延伸、应用和整合,依据浙江省教育厅《关于深化义务教育课程改革的指导意见》和浙江省教育厅办公室《关于建设义务教育拓展性课程的指导意见》的精神编写,全书共分 6 册,与教科书同步。教材在开发过程中始终坚持以下原则。

(1)基于教材,是教材内容的拓展、延伸。基于基础性课程教材编写拓展性课程教材是丛书的最大亮点和特色。编写的基本思路为从浙江版教材出发寻找编写材料,注意拓展性课程与原教材的关联度,研究编写适合学生使用的、有效的、具有示范性的初中数学拓展性课程教材。

(2)基于学情,从学习方式上体现"学为中心",倡导以学生自主探究为主,提倡课内外学习融合。选择的材料尽可能体现多样性、层次性、自主性、综合性、实践性。

(3)坚持"以生为本,个性发展"的原则,关注学生数学核心素养的提升,体现数学的价值;增强学生发现和提出问题、分析和解决问题的能力,促进学生自主学习能力的形成。

三、《数学新探索》开发过程

(一)组织优秀一线教师、教研员开发拓展性课程普及型、提高型两类教材

基于上述开发原则,邀请各地区初中数学教研员、特级教师,参与初中数学拓展性课程教材开发。明确初中数学拓展性课程教材基于浙教版初中数学基础性课程教材,体现以"学为中心"的理念,目的是促进学生学习,而不是增加学生负担,所选材料须适合学生自主探索。课程内容选择避免知识的窄化,往深往难拓展,拓展性课程只做加法不做减法。

编写组根据浙江省教育厅发布的两个指导文件,开发与浙教版初中数学基础性课程教科书同步的拓展性课程教材。按七至九年级上、下分册共编写 6 册,每册

针对不同的学生,分普及型和提高型两类。普及型拓展性课程,从教学目标来看,旨在提高学习兴趣,为基础性课程教材学习服务,侧重于基本知识、基本活动经验的提升;从内容上看,应该尽量贴近学生生活,体现趣味性、普及性以及学习方法指导。提高型拓展性课程,从教学目标来看,旨在培养有数学爱好学生的创新精神,全面提升学生的数学素养,进一步发展和提高学生的数学特长,为学生的后续学习打下扎实基础,特别是使学生在数学思想方法上有所提升以及在数学视野方面有所拓展,侧重于基本思想、基本技能的提升;从内容上看,应该源于但又高于基础性课程教材。

(二)通过邀请参与开发、参加培训等方式,加强拓展性课程师资队伍建设

邀请各地区初中数学教研员、特级教师参与初中数学拓展性课程教材开发,从而带动不同地区一线初中数学教师参与课程开发、实施。此外,借助高校平台,开展初中数学教师拓展性课程开发与实践能力提升培训项目,加强拓展性课程师资队伍建设,提高初中数学教师拓展性课程开发及实施能力。

(三)使用初中数学拓展性课程教材进行教学观摩研讨,提炼拓展性课程教学模式

邀请优秀教师使用初中数学拓展性课程教材实施教学。课程实施关注学习方式的多样化,即结合拓展内容,组织自主阅读学习、主题探究学习、深度思维学习,以及玩中学(游戏学习)、做中学(实验、实践等);关注信息技术与数学的融合,用信息技术支持教学,创设有利于个性化学习的开放性学习环境。结合课程内容探究性,改革拓展性课程课堂教学方法,体现"学为中心",提倡以学生自主探究为主,倡导课内外学习融合。同时明确课程评价方式,改革以往单一的学业成绩考核为结合学生在课堂上的学习表现和提交研究性作业的情况进行综合考核。鼓励学生将拓展性课程学习经历整理成研究报告或研究论文进行投稿。

通过教学观摩研讨、教学设计及教学过程视频分析,提炼拓展性课程教学模式,有效推进拓展性课程实施。

四、《数学新探索》的特征

《数学新探索》共分 6 册,与教科书同步。书中设计了很多主题式、探究式的学习活动,为学习者提供更多动手操作和实践体验的机会。丛书的特征如下。

(一)课题名称体现趣味与数学味

从课题名称来看,普及型的课题名称通俗易懂,体现趣味性,可以最大程度打

动学生,并保持前后一致。如七年级《有理数》,普及型的拓展性课题可以为"数怎么不够用了?";到了八年级的实数,可以写一节"数怎么又不够用了?"。又如"用字母表示数"可以拓展一节"字母到底能表示什么?"。提高型的课题名称则可以有数学味。

(二)选材兼顾基础性课程教材与时代性

每册教材内容建议在 14 课时到 16 课时之间,挖掘基础性课程教材中部分内容作为拓展性课程教材内容。例如,八年级的实数部分,设计《到底有多大》来说明无理数确实是一个数。不建议简单将高中知识纳入教材中,也不建议随意地延伸教材的知识点。此外,教材选材尽可能体现时代性,如七年级的统计部分考虑大数据、互联网+等内容,使教材具有时代气息。

(三)课题活动多样化

《数学新探索》以课题活动的形式设计主题式、探究式的学习活动,为学习者提供更多动手操作和实践体验的机会。学习者可以根据课本内容的学习情况和兴趣爱好,选择自己喜欢的内容进行阅读、探索,在做数学实验和玩数学游戏中学习。通过这些内容的学习,学习者丰富了数学活动经验,提高了数学学习、数学思考、数学研究方法和数学思维能力,同时拓展了数学视野,加深了对数学课本知识的理解,从而进一步激发了学习数学的兴趣,促进数学核心素养的进一步形成和个性化发展。

每册书中共有 25 个左右课题,主要分为六个方面的内容:趣味数学与游戏、数学史话与欣赏、数学实验与探究、生活数学与应用、数学思想与方法、知识延伸与拓展。如七年级上册这六类活动设计了如下课题。

1. 趣味数学与游戏

如第 1.3 节"遨游数学王国:朋友犹如 220 与 284"、第 2.2 节"借助扑克牌学数学:'24 点'数学游戏"。

2. 数学史话与欣赏

如第 1.1 节"读史启智:丰富多彩的古代记数制"、第 5.7 节"名题欣赏:古诗中的方程"。

3. 数学实验与探究

如第 2.1 节"尝试与检验:幻方之谜"、第 3.3 节"数学实验:用计算器探索规律"。

4. 生活数学与应用

如第 5.3 节"生活中的数学:日历中的数字规律"、第 5.6 节"问题解决的基本步骤：手机流量包月方案的选择"。

5. 数学思想与方法

如第 2.2 节"分组与整合：谁是聪明的小高斯"、第 4.3 节"以形助数：画个图形试试看"。

6. 知识延伸与拓展

如第 5.5 节"算式与方程的对弈：算式与方程哪个更简便"、第 5.2 节"含字母系数的方程：这样的 x 存在吗"。

(四)课题栏目清晰利于经历问题解决过程

课题栏目设计清晰，每个课题都设有"学习目标""学习进度建议""主题式活动""练习与思考"及"拓展阅读"。

1. "学习目标"

栏目列出了该课题涉及的主要内容，以及通过本课题的学习所能达成的目标。

2. "学习进度建议"

栏目列出了与该课题联系密切的课本内容，以及比较适合的学习时间段。教师可以据此进行选择和安排学习时间。

3. "主题式活动"

每个课题的正文由一个主题式或探究式的学习活动和 2—3 个例题组成。其中主题式或探究式学习活动按"问题—思考—问题解决—归纳"四个环节呈现，以问题为载体，带学习者经历"思考、问题解决、归纳"三个过程。希望学习者在阅读"问题解决"的内容之前先尝试自己探索解决问题的方法。当觉得自己独立解决有困难时，可以按照"思考"中提供的思路再试一试。在问题解决以后，也希望先尝试自己归纳解决这类问题的思路，所用到的知识、方法等，再看书本提供的"归纳"内容。以这样的学习方式，帮助学习者提高数学学习能力。

同样，每个例题按"例—想一想—解—方法提炼"四个环节呈现，以例题为载体，带学习者经历"想一想、解、方法提炼"三个过程。希望学习者在阅读"解"和"方法提炼"的内容之前，也先尝试自己探索解决问题的方法和提炼方法。其中的"想一想"为学习者寻求解决问题的方法提供思路。

4. "练习与思考"及"拓展阅读"

栏目为学习者学习巩固、进一步思考和拓展数学视野提供资源。

第三节 《数学新探索》案例展示

全省择优选择 30 多所学校组成实验联盟,在多次研讨、实践的基础上,编写出版初中数学拓展性课程"生本学材"《数学新探索》。

《数学新探索》设计了六类主题式、探究式的专题学习活动,为学生提供了更多动手操作和实践体验的机会。学生可根据课本内容的学习情况和兴趣爱好,选择喜欢的内容进行阅读、探索,在做中学、玩中学。学生通过学习,进一步丰富自身数学活动经验,提升动手实践、科学探究、团队协作能力,并获得数学学习、数学思考、数学研究方法和数学思维能力的提高;同时,进一步拓展数学视野,加深对数学课本知识的理解,进而激发数学学习兴趣,促进数学核心素养的形成与个性化发展。下文列举《数学新探索》中六类主题的典型案例(见表 3-1)进行具体介绍。

表 3-1 设计案例

建议授课年级	主题活动类型	课题名称
七年级上册①	趣味数学与游戏	借助扑克牌教学:"24 点"数学游戏
	数学史话与欣赏	名题欣赏:古诗中的方程
八年级上册②	数学实验与探究	折纸中的数学:用正方形纸折 30°角
	知识延伸与拓展	勾股定理拓展:寻找勾股数
九年级上册③	数学思想与方法	格点问题:含 45°角的相似三角形
	生活数学与应用	实际问题数学化:探索 A4 纸的数学秘密

一、借助扑克牌教学

"24 点"数学游戏

"巧算 24 点"游戏简单易学,健脑益智,是一项极为有益的数学活动,相信同学们在小学阶段都曾玩过。如果把红桃、方块上的数记为正,梅花、黑桃上的数记为负,在有理数范围内玩"24 点"游戏,会遇到哪些新的挑战?

---

① 许芬英,叶立军. 义务教育拓展性课程数学新探索(七年级上)[M]. 杭州:浙江教育出版社,2017.
② 许芬英,叶立军. 义务教育拓展性课程数学新探索(八年级上)[M]. 杭州:浙江教育出版社,2017.
③ 许芬英,叶立军. 义务教育拓展性课程数学新探索(九年级上)[M]. 杭州:浙江教育出版社,2017.

学习目标

◆ 巧用有理数的运算法则算"24 点"。

◆ 训练思维的灵活性和发散性,激发学习数学的兴趣。

学习进度建议

建议在学习课本第 2.6 节"有理数的混合运算"后研究这个课题。

问题

1.一副扑克牌中抽去大小王剩下 52 张,把 A,J,Q,K 分别看成 1,11,12,13。从中任意抽取 4 张牌,用加、减、乘、除、乘方等运算符号(可加括号)连接,使牌面上的数的运算结果是 24,每张牌必须用一次且只能用一次。如果抽出下面四组牌,能算出 24 点吗?

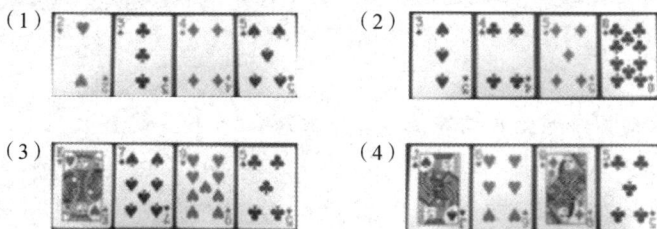

图 3-1

2.记红桃和方块的点数为正数,黑桃和梅花的点数为负数。如果抽出下面两组牌,按上述规则,能算出 24 点吗?

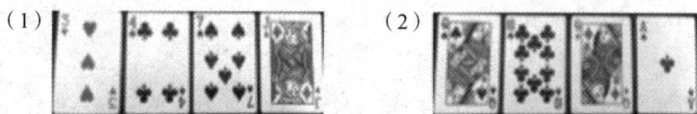

图 3-2

【思考】按倒推的方法考虑:24 可以看作哪两个数经过一次运算得到? 已知的四个数能不能经过运算得到所需要的这两个数?

【问题解决】

不难发现,24 可以看成 $2\times12,3\times8,4\times6$ 或 $(-2)\times(-12),(-3)\times(-8),(-4)\times(-6)$,也可以看成 $6+18,30-6,48\div2,\cdots$,这样就可以把问题转化为怎样把四个数凑成两个数的和、差、积或商等于 24。

对于第 1 题：

(1)依据 $2 \times 12 = 24$，可得 $2 \times (3+4+5) = 24$；

(2)依据 $3 \times 8 = 24$，可得 $3 \times (10 \div 5 \times 4) = 24$；

(3)依据 $4 \times 6 = 24$，可得 $(9-5) \times (13-7) = 24$；

(4)依据 $6+18 = 24$，可得 $(11-5)+(6+12) = 24$。

对第 2 题，两组数分别为：$(1)+3，-4，-7，+11；(2)-12，-10，+12，-1$。类似地，可以计算如下：

(1)依据 $(-3) \times (-8) = 24$，可得：

$$[(-7)-(-4)] \times [(+3)-(+11)] = 24；$$

(2)依据 $(-12) \times (-2) = 24$，可得：

$$(-12) \times [(+12)+(-10)] \times (-1) = 24。$$

能否凑成适当的两个数，通常需要经过尝试，并且方法不一定是唯一的。比如，第 1(2)小题，我们可以根据 $4 \times 6 = 24$，得 $4 \times (10 \div 5 \times 3) = 24$。

【归纳】借助扑克牌的点数来计算"24 点"，有一定的方法可循：

(1)利用 $24 = 2 \times 12 = 3 \times 8 = 4 \times 6$，或 $24 = (-2) \times (-12) = (-3) \times (-8) = (-4) \times (-6)$ 求解。

把牌面上的四个数想办法凑成 ± 2 和 ± 12，± 3 和 ± 8，或 ± 4 和 ± 6，再相乘求解。例如，红桃 3，梅花 3，黑桃 6，方块 10（即 $3，-3，-6，10$），可组成 $[10-(-6) \div (-3)] \times 3 = 24$；又如，方块 2，梅花 3，红桃 3，红桃 7（即 $2，-3，3，7$），可组成 $[2-(3+7)] \times (-3) = 24$，实践证明，这种方法成功率最高。

(2)合理运用括号和加减乘除运算。较为常见的是以下几种算法（我们用 $a，b，c，d$ 表示这四个数）：

①$(a-b)(c+d)$，例如，$(10-4)(2+2) = 24$；

②$(a-b) \div c \times d$，例如，$(10+2) \div 2 \times 4 = 24$；

③$(a-b \div c) \times d$，例如，$(3-2 \div 2) \times 12 = 24$；

④$(a+b-c) \times d$，例如，$(9+7-4) \times 2 = 24$；

⑤$a \times b + c - d$，例如，$11 \times 3 + 1 - 10 = 24$；

⑥$(a-b) \times c + d$，例如，$(4-1) \times 6 + 6 = 24$；

⑦$(a \times b) \div (c+d)$，例如，$(6 \times 8) \div (1+1) = 24$。

(3)若出现 2，3 等较小的数时，则可考虑乘方运算。

如四张牌是方块 2，红桃 K，黑桃 3，黑桃 6（即 $2，13，-3，-6$），则 $[(-3)^2-13] \times (-6) = 24$；又如，四张牌是梅花 2，红桃 2，红桃 5，方块 8（即 $-2，2，5，8$），则 $8-(-2)^5 \div 2 = 24$。

需要说明的是，从一副牌（52 张）中任意抽取 4 张，并不是所有牌组都能算出

24 点。例如,若抽到 A,A,A,5,显然无法算出 24。

例 1

● ● ● ●

给出下列两组牌(记红桃、方块为正,黑桃、梅花为负),能算出"24 点"吗?若能,分别列出算式。

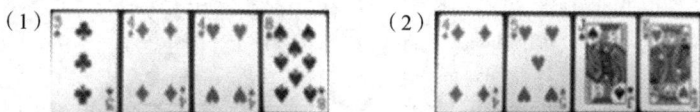

(1) 　(2)

图 3-3

【想一想】

第(1)组扑克牌表示的数分别是 $-3,4,4,-8$,第(2)组扑克牌表示的数分别是 $4,5,-11,13$。用哪种方法将每一组的四个数凑成 24?

解:(1)由于 $(-3)\times(-8)=24$,余下的两个 4 相减得 0,所以 $(-3)\times(-8)+4-4=24$。

(2)由于 13 与 -11 相减即得 24,另两个数的差是 1,所以 $(-11)\times(4-5)+13=24$。

【方法提炼】绝对值相等的两个数相加或相减得 0,相除得 ±1;绝对值相邻的两个数相加或相减得 ±1。充分利用 0 或 ±1 的特点,可以方便列式。

例 2

● ● ● ●

如果抽出的四张扑克牌上的数恰好是 A-9 中的同一个数,能算"24 点"吗?

【想一想】

在一副扑克牌中,四张牌上的数是"A-9"中的同一个数,这样的牌有几种情形? 这些情形都能算出 24 吗? 为什么?

解:在"1-9"中四个数相同的牌有 9 种情况。我们不难发现 4 个 1,4 个 2,由于数太小,无法算出 24;而 4 个 7,4 个 8,4 个 9 由于数太大,也无法算出 24。考虑其余 4 种情况:

4 个 3:依据 $27-3=24$,可得 $3\times3\times3-3=24$;

4 个 4:依据 $20+4=24$,可得 $4\times4+4+4=24$;

4 个 5:依据 $25-1=24$,可得 $5\times5-5\div5=24$;

4 个 6:依据 $12+12=24$,可得 $6+6+6+6=24$。

【方法提炼】对于 4 个相同的数,用乘法运算不易求得 24,可考虑加减法。例如,$27-3=24,25-1=24,20+4=24,12+12=24,\cdots\cdots$

练习与思考

1. 如图 3-4 所示,将四张扑克牌上的数进行混合运算(每张牌只能用一次,A表示 1),使得运算结果为 -24。我的方法是:_____$=-24$。

图 3-4

2. 小明和小亮用扑克牌玩"24 点"游戏:抽出四张扑克牌,将牌面上的数进行有理数的混合运算(每张牌只能用一次,约定红桃、方块牌面上的点数为正,黑桃、梅花牌面上的点数为负),使运算结果等于 24 或 -24。小明抽出了四张牌:梅花A,方块 2,红桃 3 和黑桃 2。他说自己得到 24 点了。小亮不太明白,你能帮助小亮解决这个疑惑吗? 请把正确的算法写出来:_____。

3. 添上适当的运算符号或括号,使算式成立。

(1)4 4 4 4=5;

(2)4 4 4 4=6;

(3)4 4 4 4=7;

(4)4 4 4 4=8;

(5)4 4 4 4=9。

拓展阅读

研究发现,扑克的产生与天文有着紧密联系,换句话说,一副扑克本身就是一部历法的缩影。

经常玩扑克的人未必知道 54 张牌的具体含义和扑克上的画像都是哪些历史人物。大王和小王分别代表太阳和月亮,除去大小王以外的 52 张牌表示一年有 52 个星期。一年四季,即春夏秋冬,分别以黑桃、红桃、方块、梅花来表示。另外,红桃、方块代表白昼,黑桃、梅花代表黑夜。四种花色还有不同寓意:黑桃象征橄榄叶,表示和平;红桃是心形,表示智慧;梅花是黑色三叶,源于三叶草;方块表示钻石,意味着财富。这四种花色,是对人们一年中不同季节美好的祝愿。每一花色正好是 13 张牌,代表每一季度基本上是 13 个星期。这 13 张牌的点数加在一起是91,正符合一个季度大致有 91 天。四种花色的点数加起来,再加上小王的一点正好是一年的 365 天。如果再加上大王的一点,正符合闰年的天数。扑克中的 J,Q,K 共 12 张,既表示一年有 12 个月,又表示 12 个星座。

二、名题欣赏

古诗中的方程

在我国的数学史上,有不少数学趣题是用诗来表述的,这些诗不仅读起来琅琅上口,还蕴含着丰富的数学内容。从数学的角度来欣赏优美的古诗,体味数学在文学中的应用,也显示出数学奇妙的美感和独特的艺术魅力。

学习目标

◆学会分析,寻找关键词,建立等量关系,巩固列方程解应用题的基本步骤。

◆体会数学名题中蕴含的方程思想,感受数学的魅力和古人的智慧。

学习进度建议

在完成课本第 5 章"一元一次方程"的学习后研究这个课题。

??? 问题

● ● ● ● ●

寺内僧多少?

巍巍古寺在山林,不知寺中几多僧。

三百六十四只碗,众僧刚好都用尽。

三人共食一碗饭,四人共吃一碗羹。

请问先生名算者,算来寺内几多僧?

> 此诗题出自清朝徐子云的《算法大成》,该书涵盖了九宫八卦图、算法提纲、九章名义、算学节要、乘法用字释、九九便蒙、九九合数等数学问题,它是我国清朝著名的数学读本。

【思考】你能用自己的语言,将该诗词转化为一道数学问题吗? 其中是否蕴含等量关系?

【问题解决】

诗的意思是:3 个和尚吃一碗饭,4 个和尚吃一碗羹,刚好用了 364 只碗。问:寺内有多少和尚? 本题是典型的分配问题,解题关键是根据碗的总数建立等量关系。本题中的等量关系是:

饭碗数＋羹碗数＝总碗数;

3×饭碗数＝4×羹碗数＝总人数。

若设有和尚 x 人,则饭碗有 $\frac{x}{3}$ 只,羹碗有 $\frac{x}{4}$ 只,可列方程 $\frac{x}{3}+\frac{x}{4}=364$,解得 $x=624$,即寺内有和尚 624 人。

若设有 x 只饭碗,则有 $(364-x)$ 只羹碗,这时列的方程是 $3x=4(364-x)$,解得 $x=208$。所以寺内有和尚 $3x=624$(人)。

【归纳】解答与方程有关的经典数学问题,其一般步骤是:

(1)理解含义,用自己的语言来叙述数学问题;

(2)分析问题,寻找其中的数量关系;

(3)建立模型,根据条件和问题,设元、列出方程(组);

(4)解方程(组);

(5)检验解的合理性,反思是否还有其他方法。

例 1

索竿之长

一支竹竿一条索,索比竿子长一托。
对折索子来量竿,却比竿子短一托。

> 选自《九章算术比类大全》,我国明代数学家吴敬所著,是明代现存以"九章"命名的最早、最完整的一部算书,是传统数学中一部承前启后的算书。每卷包含"古问""比类题"和"诗歌题"三大部分。

【想一想】

该诗的意思是,绳索比竿子长 1 托,绳索对折后比竿子短 1 托,求绳索和竿子的长度。如果设索长 x 托,怎样表示竿长?你有几种方法?

解法一:设索长 x 托,则竿长 $(x-1)$ 托,根据题意,得

$(x-1)-\frac{1}{2}x=1$,解得 $x=4$。

解法二:设索长 x 托,则竿长 $\left(1+\frac{1}{2}x\right)$ 托,根据题意,得 $x-\left(1+\frac{1}{2}x\right)=1$,解得 $x=4$。

答:索长 4 托,竿长 3 托。

【方法提炼】这是一个典型的和差倍分问题,设未知数后,根据和差倍分关系寻找等量关系。

例 2

隔溪牧羊

甲乙隔溪牧羊,二人相互商量。
甲得乙羊九只,多乙一倍正当。
乙说得甲九只,两人羊数一样。
问甲乙各几羊,让你算个半响。

> 选自《张丘建算经》,该著作是一部数学问题集,现保存下来共 92 个数学问题及其解答,其内容、范围与《九章算术》相仿,在最大公约数与最小公倍数、等差数列、不定方程等方面超过了《九章算术》的水平。

【想一想】

该诗的意思是,若乙给甲 9 只羊,则甲的羊数比乙多 1 倍;若甲给乙 9 只羊,则甲、乙两人的羊数相同,问:甲、乙各有多少只羊?其中的等量关系有哪些?

解:设甲有 x 只羊,则乙有 $(x-18)$ 只羊,根据题意,得

$x+9=2[(x-18)-9]$,解得 $x=63$,则 $x-18=45$。

【方法提炼】这是典型的调配问题,分析时需根据调配后的数量变化建立等量关系。

例 3

客人分银

隔墙听得客分银,不知人数不知银。

七两分之多四两,九两分之少半斤。

试问各位善算者,多少人分多少银?

> 选自《算法统宗》,全称为《新编直指算法统宗》,是中国古代数学名著,明代数学家程大位著。该书是一部应用数学书,列有595个应用题的计算方法。

【想一想】

该诗的意思是,客人分银子,每人分7两多4两,每人分9两少半斤(1斤=16两)。问:有多少人,多少两银子? 其中的等量关系有哪些?

解:设有 x 位客人,根据题意,得

$7x+4=9x-8$,解得 $x=6$,则 $7x+4=46$。

答:客人有 6 位,银子有 46 两。

【方法提炼】本题是典型的盈不足问题,解题关键在于分析不同情况下的数量关系。

练习与思考

1.宝塔装灯。

远望巍巍塔七层,红灯点点倍加增。

共灯三百八十一,请问顶层几盏灯?

(——选自《九章算术比类大全》,其中"倍加增"指从顶层到最底层。)

2.周瑜寿多少?

而立之年督东吴,英年早逝两位数。

十比个位正小三,个位六倍与寿符。

哪位同学算得快,多少年寿属周瑜?

拓展阅读

吟诗作赋有妙数

人们习惯地认为数与文学,特别是诗歌毫不相干。其实不然,数一旦进入古诗词,真可以说是妙趣横生,其味无穷。

【意境渲染】

杜甫《绝句》:"两个黄鹂鸣翠柳,一行白鹭上青天。窗含西岭千秋雪,门泊东吴万里船。"诗中有动态静态,有近景远景,有时间(千秋),又有空间(万里)。诗中的

"两""一""千""万"等数与量词配合,再联合中心词,给我们描绘了一幅意象很美、立体感很强、意境深邃的画面。

【艺术夸张】

李白《早发白帝城》:"朝辞白帝彩云间,千里江陵一日还。两岸猿声啼不住,轻舟已过万重山。"诗中的"千""一""两""万"等富于诗意的数,用夸张的手法,勾画作者怀着欢悦的心情乘船沿着长江东下穿过三峡,江水湍急,船行如箭,一幅轻快飘逸的画卷。相似的,"飞流直下三千尺,疑是银河落九天",也是借助数字达到了高度的艺术夸张。

【心境刻画】

柳宗元《江雪》:"千山鸟飞绝,万径人踪灭。孤舟蓑笠翁,独钓寒江雪。"一个"千山",写出整个空间的安静,所有山的鸟都飞走了;一个"万径",将空间的空旷之感再次突出。诗中用两个极大的数字凸显出环境的静谧和空洞。数字用在这里,让整首诗都更深层次地显现出寂寥之感,烘托出诗人的寂寞,表达了诗人永贞革新失败后,虽处境孤独,但仍傲岸不屈的性格。

【庄谐两宜】

除这些名扬千古的诗,还有一些状似打油诗之作,也含有一定的哲理。如唐诗《题百鸟归巢图》:"归来一只复一只,三四五六七八只,凤凰何少鸟何多?啄尽人间千万石。"没有"百"字,却称"百鸟归巢"。原来诗人使用了数论中整数分拆的方法,把 100 分成两个 1,三个 4,五个 6 和七个 8 之和,含而不露地落实了百鸟图中的"百"字。用数学的思维解释为一只又一只是两只,三乘以四是十二只,五乘以六是三十只,七乘以八是五十六只,2+12+30+56=100(只)。多么有奇趣!

而以画竹而闻名的郑板桥,也喜欢用数字入诗,曾戏作:"一片二片三四片,五六七八九十片,千片万片无数片,飞入梅花总不见。"全诗几乎是用数字堆砌起来,从一至十至千至万至无数,却丝毫没有累赘之嫌,读之使人宛如置身于广袤天地大雪纷飞之中,但见一剪寒梅傲立雪中,斗寒吐妍,雪花融入了梅花,人呢,也融入了这雪花和梅花中了。

三、折纸中的数学

用正方形纸折 30°角

将一张正方形纸沿对角线对折,可以折成两个全等的等腰直角三角形;沿边长重合对折,可以折成两个全等的长方形。也就是说,我们可以用一张正方形纸折出等腰直角三角形和长方形。用一张正方形纸还能折出其他特殊图形吗？比如等边三角形、平行四边形、菱形、正五边形……请你试一试吧！

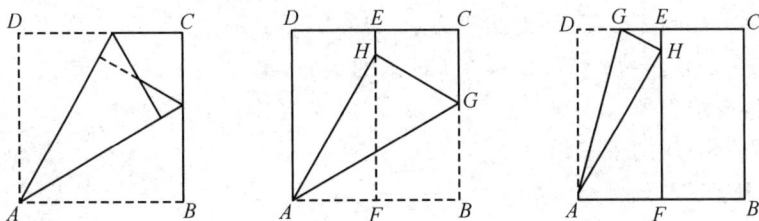

图 3-5

◆ 理解折纸与全等的关系，运用全等三角形的性质解决有关折纸问题。

◆ 理解折纸的原理，学会用正方形纸片折出特殊角。

学习进度建议

在学习课本第 1.5 节"全等三角形的判定"后研究这个课题。

问题

我们知道，用一副三角板可以画出 $30°,45°,60°$ 等特殊角。如果给你一张正方形纸片，你能折出 $30°$ 的角吗？有几种方法？

【思考】正方形的内角为 $90°$，$30°$ 与 $90°$ 有什么关系？$30°$ 与 $60°$ 有什么关系？什么三角形的三个内角都等于 $60°$？

【问题解决】

方案一：因为 $30°=90°÷3$，因此将正方形纸片中的 $90°$ 角三等分即得 $30°$ 的角，如图 3-6 所示。

方案二：因为 $30°=60°÷2$，想到可以先将正方形纸片折出 $60°$ 的角，再对折得到 $30°$ 的角。如图 3-7 所示，对折正方形 $ABCD$，得到折痕 EF，展开纸片，再沿着过点 A 的直线 AG 折叠正方形纸片，使点 B 落在 EF 上的点 H 处，则 $\angle HAG=30°$。

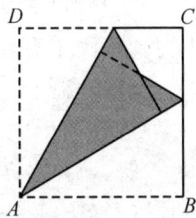

图 3-6

证明：连结 BH.

∵ EF 是 AB 的中垂线，

∴ $HB=HA$.

∵ $AB=AH$,

∴ $HA=HB=AB$,

∴ △HAB 为等边三角形，

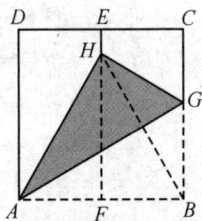

图 3-7

$\therefore \angle HAG = \dfrac{1}{2}\angle HAB = 30°.$

方案三：如图 3-8 所示，对折正方形 $ABCD$，得到折痕 EF，展开纸片，再沿着过点 A 的直线 AG 折叠，使点 D 落在 EF 上的点 H 处，则 $\angle AHF = 30°$。

证明：连结 BH.

$\because EF$ 是 AB 的中垂线，

$\therefore HB = HA.$

$\because AB = AH$,

$\therefore HA = HB = AB$,

$\therefore \triangle HAB$ 为等边三角形，

$\therefore \angle HAB = 60°$,

$\therefore \angle AHF = 90° - 60° = 30°.$

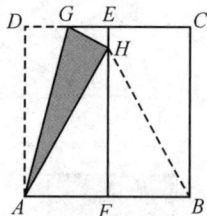

图 3-8

【归纳】（1）在折纸中，重合的三角形是全等三角形，重合的边是相等的边，重合的角是相等的角。

（2）折 30° 的角可以借助 90° 和 60° 的角，折 60° 的角可以依据等边三角形的性质。

（3）寻找角与角的关系是解决角度问题的关键所在。

例 1

如图 3-9 所示，在等边三角形 ABC 中，点 D，E 分别在 AB，AC 上。沿 DE 折叠，使点 A 落在 BC 上的点 F（不是 BC 的中点）处。

（1）指出图中全等的三角形。

（2）折痕 DE 是哪个角的平分线？

（3）图中有几对相等的角？

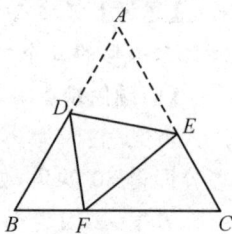

图 3-9

【想一想】

折叠图形中，有哪些相等的线段、相等的角？

解：（1）$\triangle ADE \cong \triangle FDE$。

（2）DE 平分 $\angle AEF$，也平分 $\angle ADF$。

（3）60° 的角一共有 4 个，可组成 6 对相等的角；

非 60° 的锐角相等的有：$\angle ADE = \angle FDE$，$\angle AED = \angle FED$，$\angle BDF = \angle EFC$，$\angle BFD = \angle FEC$，共 4 对；

钝角相等的有：$\angle ADF = \angle BFE$，$\angle AEF = \angle DFC$，共 2 对。

综上所述，一共有 12 对相等的角。

【方法提炼】上述第（3）题解答的思路是分类讨论，分类计数有助于做到不重不漏。

例 2

如图 3-10 所示,现有一张长方形纸片 $ABCD$,点 E,F 分别在 DC,AB 上,$DE=BF$。沿 EF 将长方形纸片折叠,得三个交点 G,H,M。

(1)求证:$\triangle EGD' \cong \triangle FHB$。

(2)求证:$\triangle MCG \cong \triangle MA'H$。

(3)连结 ME,MF。求证:$ME=MF$。

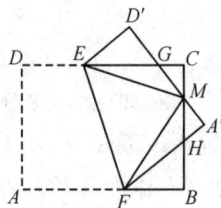

图 3-10

【想一想】

在小学我们已经初步学习了长方形,长方形有哪些性质?图中折叠时出现了哪些线段完全重合?全等三角形的判定方法有哪些?证明两条线段相等的常用方法是什么?

证明:(1)∵ $\angle D'EG+\angle GEF+\angle EFH=180°$,$\angle GEF+\angle EFH+\angle HFB=180°$,

∴ $\angle D'EG=\angle BFH$. 又 $D'E=DE=BF$,$\angle D'=\angle B$,

∴ $\triangle EGD' \cong \triangle FHB$.

(2)∵ $DC=AB$,$DE=BF$,

∴ $EC=AF=A'F$.

∵ $\triangle EGD' \cong \triangle FHB$,

∴ $EG=FH$,

∴ $CG=A'H$.

∵ $\angle CMG=\angle A'MH$,$\angle C=\angle A'$,

∴ $\triangle MCG \cong \triangle MA'H$.

(3)∵ $\triangle MCG \cong \triangle MA'H$,

∴ $CM=A'M$. 又 $EC=A'F$,$\angle C=\angle A'$,

∴ $\triangle MCE \cong \triangle MA'F$,

∴ $ME=MF$.

【方法提炼】 因为折叠所得的两个图形是全等图形,所以折叠时能够重合的线段和角对应相等。全等三角形的判定和性质是解决本题的关键。

练习与思考

1.在长方形纸片上折出一个直角的平分线,下列折法正确的是( )。

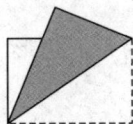

A

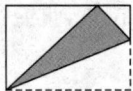

B

C

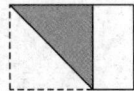

D

2.如图 3-11 所示,点 E 在正方形纸片的 AD 边上,沿 BE 折叠纸片,点 A 落在点 G 处,折叠纸片,使 BC 与 BG 重合,得折痕 BF。

(1)求 $\angle EBF$ 的度数。

(2)$\triangle DEF$ 的周长与 AB 有什么等量关系?

3.如图 3-12 所示,已知长方形纸片 $ABCD$,点 E 为 AD 边上的点,过点 B,E 折叠该纸片,得点 F 和折痕 BE,过点 E 再次折叠纸片,使点 D 落在直线 EF 上,得点 H 和折痕 EG,点 G 在 CD 上,点 H 恰好落在 BC 上。

(1)指出图中所有的全等三角形。

(2)BE 和 GE 有何位置关系?BE 和 DH 有何位置关系?

(3)与 $\angle AEB$ 相等的角有哪些?

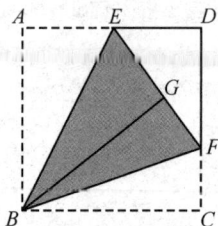

图 3-11

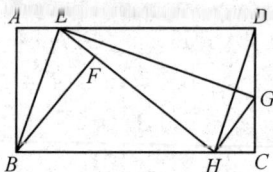

图 3-12

拓展阅读

用纸条折正多边形

我们把各边长相等、各内角也相等的多边形称为正多边形。如何折正五边形? 正七边形呢? 让我们跟着下面的步骤一起试试看吧。

材料:等宽的纸条数根。

折法:如图 3-13 所示,将两根等宽的纸条对折,穿插后重叠部分为正方形。

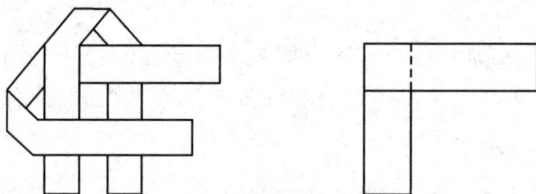

图 3-13

如图 3-14 所示,取一根等宽的纸条打个结,拉紧,重叠部分即为正五边形。

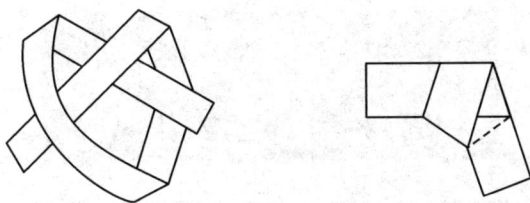

图 3-14

如图 3-15 所示,取两根等宽的纸条折叠穿插,拉紧,可得正六边形。

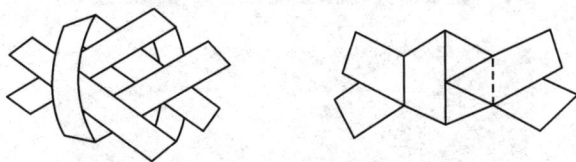

图 3-15

如图 3-16 所示,把图 3-14 中的纸条再打一个结,拉紧,重叠部分可得正七边形。

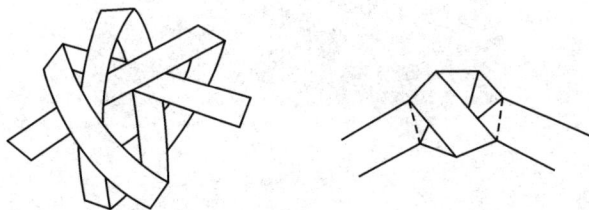

图 3-16

下面再介绍一种制作正五边形的方法。

如图 3-17 所示。工具:一张正方形纸、剪刀、铅笔、直尺(见图①)。

1. 把正方形纸对折(见图②);

2. 按图示用铅笔"打"两条辅助线,获得中心点(见图③);

3. 把对折后的"左下角"与这个中心点重合(见图④);

4. 再反过来对折(见图⑤);

5. 右下角的边也对折到"中缝"(见图⑥);

6. 按照图示,反过来折(见图⑦);

7. 最后折成图上形状(见图⑧);

8. 用剪刀沿这条边,把多余的纸剪去(见图⑨和图⑩);

9. 展开后就获得了正五边形(见图⑪)。

图 3-17

四、勾股定理拓展

寻找勾股数

中国最古老的数学著作——《周髀算经》明确记载了勾股定理的公式"若求邪至日者,以日下为勾,日高为股,勾股各自乘,并而开方除之,得邪至日",并给出"故折矩,以为勾广三,股修四,径隅五"的作图方法。可见我国古代劳动人民早在几千年以前就已经发现并应用勾股定理了。"3,4,5"是我们最熟悉的一组勾股数,它有什么特征?我们可以自行构造出一组勾股数吗?

学习目标

◆ 通过一些特殊的勾股数例子,寻找一般勾股数的规律。

◆ 能够判断一组数是不是勾股数,并进行证明。

在学习课本第 2.7 节"探索勾股定理"后研究这个课题。

问题

可以构成一个直角三角形三边的一组正整数称为勾股数。

观察下面的数组(a,b,c)：

①$(3,4,5)$；②$(5,12,13)$；③$(6,8,10)$；④$(7,24,25)$；⑤$(8,15,17)$；⑥$(9,40,41)$；⑦$(10,24,26)$；⑧$(15,111,112)$；…

(1)其中属于勾股数组的是_____ (填入序号)。

(2)尝试找出上述勾股数组的特征。

(3)当 $a=19$ 时,求 b,c 的值。

【思考】(1)根据定义,勾股数满足的条件是什么?

(2)从最小数的奇偶性角度出发,你发现了上述勾股数中什么规律?

【问题解决】根据勾股数定义,满足 $a^2+b^2=c^2$ 的三个数就是勾股数。一般地,由 $a^2+b^2=c^2$,得 $a^2=c^2-b^2$,即 $a^2=(c+b)(c-b)$。再根据整数的性质,用尝试检验的方法求出 b,c 的值。

解:(1)除⑧外其余都是勾股数。

(2)观察①—⑦七组勾股数,我们发现:

规律一:$(6,8,10)$是$(3,4,5)$的两倍;

规律二:当 a 是奇数时,$c-b=1$;当 a 是偶数时,$c-b=2$。

……

(3)∵$19^2+b^2=c^2$,

∴$c^2-b^2=19^2=361$,

∴$(c-b)(c+b)=361$.

∵b,c 是整数,$361=19\times19=1\times136$,

∴$\begin{cases}c-b=1\\c+b=361\end{cases}$,解得$\begin{cases}b=180\\c=181\end{cases}$.

【归纳】(1)判断一组数是否是勾股数,只要抓住是否满足 $a^2+b^2=c^2$ 即可。

(2)我们可以根据一些规律来构建勾股数,如勾股数的倍数仍是勾股数,由 $a^2=(c+b)(c-b)$,利用整数的性质,可推测出 a,b,c 的值。

例 1

根据上面问题中勾股数的规律二,我们一起来制造"勾股数生成器"。

【想一想】

上面我们发现的勾股数的规律二是什么? 当最小数是奇数时,b 和 c 有什么关系? 当最小数是偶数时呢?

解:(1)当最小数是奇数时,不妨设 $a=2n+1$,根据规律二,有 $c-b=1$。

$\because a^2+b^2=c^2$,

$\therefore c^2-b^2=a^2$,即 $(b+c)(c-b)=a^2$,

$\therefore (b+c)(c-b)=(2n+1)^2$.

又 $\because c=b+1$,

$\therefore (2b+1)=(2n+1)^2$,

$\therefore b=2n^2+2n, c=2n^2+2n+1$.

(2)当最小数是偶数时,不妨设 $a=2n$,根据规律二,有 $c-b=2$。

由 $(b+c)(c-b)=a^2$,得 $(b+c)(c-b)=(2n)^2$,

$\therefore b+c=2n^2$.

又 $\because c=b+2$,

$\therefore 2b+2=2n^2$,

$\therefore b=n^2-1, c=n^2+1$.

【方法提炼】 根据规律二和 $a^2=(c+b)(c-b)$,可以构造一类勾股数,当然,并不是所有勾股数都满足规律二,所以勾股数的王国不能用这个"勾股数生成器"填满。

例 2

几何学鼻祖欧几里得用几何方法也给出了一个"勾股数生成器":

若 $a=\frac{1}{2}(p-q), b=\sqrt{pq}, c=\frac{1}{2}(p+q)$,($p,q$ 奇偶性相同,$p>q$,pq 是完全平方数),则 a,b,c 是勾股数。你能证明吗?

【想一想】

怎样判定 a,b,c 是否为勾股数? a,b,c 中,哪一条是最长的边?

证明:$a^2+b^2=\left[\frac{1}{2}(p-q)\right]^2+(\sqrt{pq})^2$

$=\frac{1}{4}(p-q)^2+pq=\frac{1}{4}(p+q)^2=c^2$,

$\therefore a,b,c$ 是勾股数。

【**方法提炼**】(1)课本的例题有"若 $a=m^2-n^2$,$b=2mn$,$c=m^2+n^2$ ($m>n$,m,n 为正整数),则 a,b,c 是勾股数"的结论。上题中,若令 $p=2m^2$,$q=2n^2$,即可转化为此结论。

(2)勾股数有以下几种通式:

① 如 $(3,4,5)$,$(6,8,10)$,…将基本勾股数扩大 n 倍。

② 如 $(5,12,13)$,$(7,24,25)$,$(9,40,41)$,…

若 $a=2n+1$,则 $b=2n^2+2n$,$c=2n^2+2n+1$(其中 n 为正整数,且 $n\geqslant 2$);

如 $(8,15,17)$,$(10,24,26)$,$(12,35,37)$,…

若 $a=2n$,则 $b=n^2-1$,$c=n^2+1$(其中 n 为正整数,且 $n\geqslant 2$)。

③ $a=m^2-n^2$,$b=2mn$,$c=m^2+n^2$(其中 m,n 为正整数,且 $m>n$)。

练习与思考

1. 木工师傅想利用木条制作一个直角三角形形状的工具,他要选择的三根木条的长度(单位:厘米)可能是( )。

A. 25,48,80　　　　　　　　　B. 15,17,62

C. 25,59,74　　　　　　　　　D. 32,60,68

2. 如图 3-18 所示,为了求出位于池塘两岸 A,B 之间的距离,一个观测者在点 C 设桩,使 $\triangle ABC$ 恰好为直角三角形,$\angle B$ 是直角。通过测量,得到 AC 长为 160m,BC 长为 128m,则点 A,B 之间的距离为_____m。

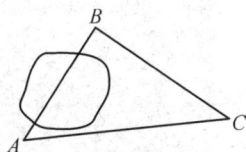

图 3-18

3. 如图 3-19 所示,在长方形 $ABCD$ 中,AC 为对角线,则有 $AB^2+BC^2=AC^2$,即 AB,BC,AC 的数量关系符合勾股定理。

4. 如图 3-20 所示,$ABCD$-$A_1B_1C_1D_1$ 是长方体,若长方体的面 ABB_1A_1、面 BCC_1B_1、面 ACC_1A_1 的面积分别用 α,β,γ 表示,则是否有 $\alpha^2+\beta^2=\gamma^2$ 成立?请说明理由。

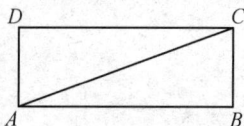

图 3-19

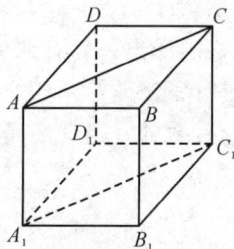

图 3-20

古巴比伦出土文物上的勾股数

美国哥伦比亚大学普林顿收藏馆收藏了一块神秘的泥板图 3-21，这块泥板是在巴比伦挖掘出来的，编号 322，考古学家相信这块泥板是公元前 18 世纪的成品。

经科学家研究，上面记录的是古巴比伦人在那个时期已经发现的若干组勾股数。由于当时古巴比伦使用的是六十进制的数字，经过翻译，得到如下表所示的数列：

图 3-21

a	b	c
119	120	169
3367	3456	4825
4601	4800	6649
12709	13500	18541
65	72	97
319	360	481
2291	2700	3541
799	960	1249
481	600	769
4961	6480	8161
45	60	75
1679	2400	2929
161	240	289
1771	2700	3229
56	90	106

据说，此表格翻译出来后有四组数不正确，被认为是"笔误"所致，所以研究者将这四组数据进行了修改。至于是不是"笔误"，就不得而知了。古巴比伦人是如何计算出这些勾股数的？至今还是个谜。

五、格点问题

含 45°角的相似三角形

网格图是画几何图形、研究几何图形性质的有效载体。把一些特殊图形放在网格图中研究,容易直观发现图形的规律,并且随着格点的增多,图形的类型增多,规律也更加明显,有助于我们有序思考。

学习目标

◆ 会在网格图中画含 45°角的格点相似三角形,并能根据图形的形状、位置进行分类。

◆ 会利用勾股定理和相似三角形的性质求同类三角形的相似比。

◆ 进一步理解和掌握图形分类讨论的方法,提高数学能力。

学习进度建议

在学习课本第 4.4 节"两个相似三角形的判定"后研究这个课题。

??? 问题

● ● ● ●

如何在 4×4 的网格图中画含 45°角的格点相似三角形?这样的相似三角形有几类?

【思考】(1)格点三角形的边有怎样的特点?

(2)从位置来看,45°角的边在网格中的位置有几种情况?

(3)从形状来看,含 45°角的三角形有几种情况?

(4)分类讨论问题,一般思考路径是怎样的?

【问题解决】

格点三角形由三条格点线段围成,网格中的格点线段有两种,一种是沿着网格线走,长度是正整数(依次为 $1,2,3,\cdots$);另一种是沿着网格中矩形的对角线走,长度可以是正整数也可以是无理数(比如 $\sqrt{2}$,$\sqrt{5}$,$2\sqrt{2}$,$\sqrt{10}$,$\sqrt{5}$,$\cdots$)。设单格正方形的边长为 1,规定全等三角形属于同一种图形。

1.含 45°角的格点等腰直角三角形。

(1)角的一边或两边在网格线上。

①如图 3-22 所示,4 个相似等腰直角三角形的两直角边都在网格线上,且为整数,其相似比为 $1:2:3:4$,其中 $\angle A = 45°$,边长最小的三角形 AB_1C_1 的三边长分别为 $1,1,\sqrt{2}$。

②如图 3-23 所示,2 个相似等腰直角三角形的两直角边都为无理数,斜边在

网格线上,且为整数,其相似比为 1:2,其中 $\angle A=45°$,边长最小的三角形 AB_5C_5 的三边长分别为 $\sqrt{2}$,$\sqrt{2}$,2。

(2)三边都由网格对角线构成的等腰直角三角形。

如图 3-24 所示,2 个相似等腰直角三角形的三边都是无理数,相似比为 1: $\sqrt{2}$,其中 $\angle A=45°$,边长最小的三角形 AB_7C_7 的三边长分别为 $\sqrt{5}$,$\sqrt{5}$,10。

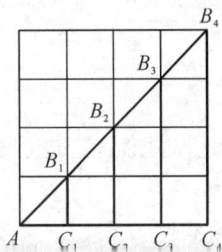 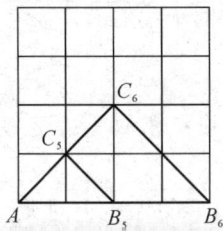 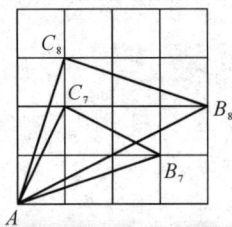

图 3-22 　　　　　　图 3-23 　　　　　　图 3-24

由(1)(2)可知,在 4×4 网格图中,含 45°角的格点等腰直角三角形共有 8 个,显然都是相似三角形。

2.含 45°角的相似格点斜三角形。

(1)三角形的一边在网格线上。

①如图 3-25 所示,3 个相似三角形的一边在网格线上,边长为整数,其他两边都是网格对角线,边长都是无理数,相似比为 $1:\sqrt{2}:2$,其中 $\angle O=45°$,且边长最小的 $\triangle OD_1E_1$ 的三边长分别为 1,$\sqrt{5}$,$2\sqrt{2}$。

②如图 3-26 所示,2 个相似三角形的一边在网格线上,边长为整数,其他两边都是网格对角线,边长都是无理数,相似比为 $1:\sqrt{2}$,其中 $\angle O=45°$,且边长最小的 $\triangle OD_4E_4$ 的三边长分别为 $\sqrt{2}$,$\sqrt{5}$,3。

③如图 3-27 所示,2 个相似三角形的一边在网格线上,边长为整数,其他两边都是网格对角线,边长都是无理数,相似比为 $1:\sqrt{2}$,其中 $\angle O=45°$,且边长最小的 $\triangle OD_6E_6$ 的三边长分别为 $\sqrt{5}$,$2\sqrt{2}$,3。

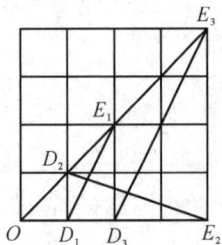 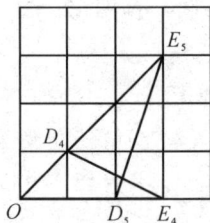 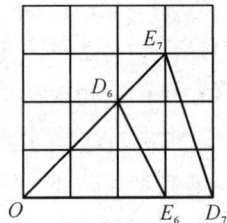

图 3-25 　　　　　　图 3-26 　　　　　　图 3-27

(2)三边都在网格对角线上的格点相似三角形不存在。

由(1)(2)可知,在 4×4 网格图中,含 45°角的格点相似斜三角形共有 3 类。

综上所述,在 4×4 网格图中,含 45°角的格点相似三角形从形状来分共有 4 类。

【归纳】 (1)网格图是研究图形的重要模板。特别是对边长是无理数的图形,只要一个无理数能表示成两个正整数的平方和的算术平方根,我们就能画出表示这个无理数的格点线段。

(2)图形的分类讨论要从图形的形状、图形的位置和图形的大小三个方面进行有顺序的思考,做到不重不漏。

①从图形的形状来看,含 45°角的三角形可分为等腰直角三角形和斜三角形;从位置来看,可分为有一边或两边在网格线上和三边都在格点对角线上;从图形大小来看,考虑边长的情况,以及同类三角形的相似比。

②分类讨论时要遵循从特殊到一般的原则,如图形的形状研究从特殊的等腰直角三角形开始;图形的位置研究从边在网格线上开始;图形的大小研究从三角形最小边为 1 开始,然后考虑 $\sqrt{2}$,$\sqrt{5}$,……

(3)利用网格图可以将一个图形进行放大或缩小整数倍或无理数倍(如 $\sqrt{2}$ 倍、$\sqrt{5}$ 倍等),但必须使图形的顶点在格点上。

??? 例 1

● ● ● ●

如图 3-28 所示,在单格边长为 1 的 6×6 正方形网格图中画以正方形 $ABCD$ 的边为一边的格点三角形,且使三边长之比为 $\sqrt{5}$：$2\sqrt{2}$：3。这样的三角形有几个?

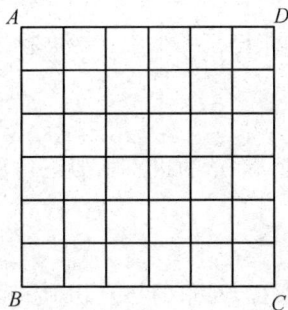

图 3-28

【想一想】

(1)三边长之比为 $\sqrt{5}$：$2\sqrt{2}$：3 的三角形有怎样的特点?

(2)边 AB 与 $45°$ 角有怎样的位置关系?

解:由图 3-29 可知,三边长分别为 $\sqrt{5}:2\sqrt{2}:3$ 的三角形,其长为 5 的边的对角为 $45°$。

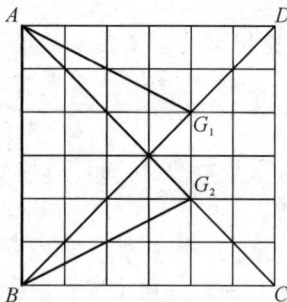

图 3-29

(1)当边 AB 为最长边时,三边长分别为 $6,4\sqrt{2},2\sqrt{5}$,三边都是格点线段,且 6 与 $4\sqrt{2}$ 的夹角为 $45°$,可以画出两个三角形,即 $\triangle ABG_1$ 和 $\triangle ABG_2$,如图 3-29 所示。

(2)当 AB 边为中间边时,三边长分别为 $\frac{9}{2}\sqrt{2},6,\frac{3}{2}\sqrt{10}$,其中两边不是格点线段,无法画出格点三角形。

(3)当 AB 边为最短边时,三边长分别为 $\frac{18}{5}\sqrt{5},\frac{12}{5}\sqrt{10},6$,其中两边不是格点线段,无法画出格点三角形。综上所述,以 AB 为边满足条件的三角形有两个。而正方形有四条边,所以满足条件的三角形共有 8 个。

【方法提炼】当两个相似三角形的对应关系不明确时,要进行分类讨论,利用分类的思想在网格图中寻找所有满足条件的三角形。

例 2

在 $6×6$ 网格图中画出含 $45°$ 角的格点相似三角形,最多能够画出几类(全等属于同一种)?

【想一想】

类似前面探索的过程,画含 $45°$ 角的格点相似三角形应从哪些角度思考?怎样才能做到分类时不重复、不遗漏?

解:1. 含 $45°$ 角的格点等腰直角三角形。

(1)角的一边或两边在网格线上。

①如图 3-30 所示,6 个相似等腰直角三角形的两直角边都在网格线上,且为

整数,其相似比为 $1:2:3:4:5:6$,其中 $\angle A=45°$,边长最小的三角形 AB_1C_1 的三边长分别为 $1,1,\sqrt{2}$。

②如图 3-31 所示,3 个相似等腰直角三角形的两直角边都为无理数,斜边在网格线上,且为整数,其相似比为 $1:2:3$,其中 $\angle A=45°$,边长最小的三角形 AB_7C_7 的三边长分别为 $\sqrt{2},\sqrt{2},2$。

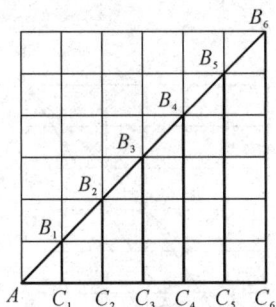 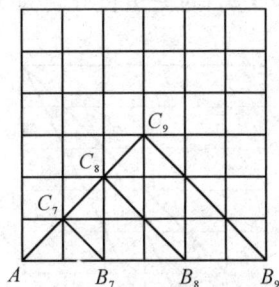

图 3-30　　　　　　　　　　　　　图 3-31

(2)三边都由网格对角线构成的等腰直角三角形。

①如图 3-32 所示,2 个相似等腰直角三角形的三边都是无理数,相似比为 $1:2$,其中 $\angle A=45°$,边长最小的三角形 $AB_{10}C_{10}$ 的三边长分别为 $\sqrt{5},\sqrt{5},\sqrt{10}$。

②如图 3-33 所示,4 个相似等腰直角三角形的三边都是无理数,相似比为 $\sqrt{10}:\sqrt{13}:\sqrt{17}:\sqrt{26}$,其中 $\angle A=45°$,且边长最小的三角形 $AB_{12}C_{12}$ 的三边长分别为 $\sqrt{10},\sqrt{10},\sqrt{20}$。

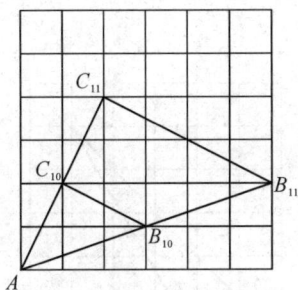 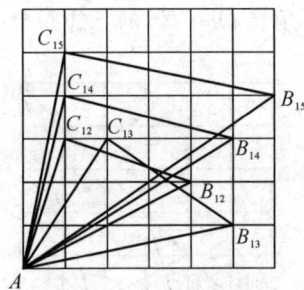

图 3-32　　　　　　　　　　　　　图 3-33

由(1)(2)可知,在 $6×6$ 网格图中,含 $45°$ 角的格点等腰直角三角形共有 15 个,显然都是相似三角形,属于同一类。

2.含 $45°$ 角的相似格点斜三角形。

(1)三角形的一边在网格线上。

①如图 3-34 所示, 4 个相似三角形的一边在网格线上, 边长为整数, 其他两边都是网格对角线, 边长都是无理数, 相似比为 $1 : \sqrt{2} : 2 : 3$, 其中 $\angle O = 45°$, 且边长最小的三角形 OD_1E_1 的三边长分别为 $1, \sqrt{5}, 2\sqrt{2}$。

②如图 3-35 所示, 3 个相似三角形的一边在网格线上, 边长为整数, 其他两边都是网格对角线, 边长都是无理数, 相似比为 $1 : \sqrt{2} : 2$, 其中 $\angle O = 45°$, 且边长最小的三角形 OD_5E_5 的三边长分别为 $1, \sqrt{13}, 3\sqrt{2}$。

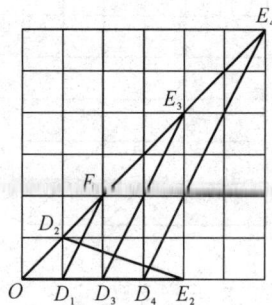 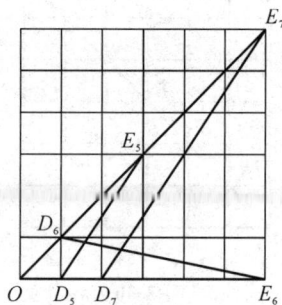

图 3-34 　　　　　　　　　　　图 3-35

③如图 3-36 所示, 4 个相似三角形的一边在网格线上, 边长为整数, 其他两边都是网格对角线, 边长都是无理数, 相似比为 $\sqrt{2} : 2 : 2\sqrt{2} : 4 = 1 : \sqrt{2} : 2 : 2\sqrt{2}$, 其中 $\angle O = 45°$, 且边长最小的三角形 OD_8E_8 的三边长分别为 $\sqrt{2}, \sqrt{5}, 3$。

④如图 3-37 所示, 2 个相似三角形的一边在网格线上, 边长为整数, 其他两边都是网格对角线, 边长都是无理数, 相似比为 $\sqrt{2} : 2 = 1 : \sqrt{2}$, 其中 $\angle O = 45°$, 且边长最小的三角形 $OD_{12}E_{12}$ 的三边长分别为 $\sqrt{2}, \sqrt{17}, 5$。

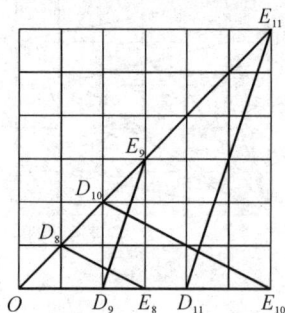 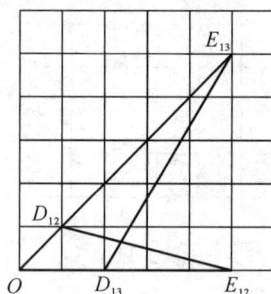

图 3-36 　　　　　　　　　　　图 3-37

⑤如图 3-38 所示, 3 个相似三角形的一边在网格线上, 边长为整数, 其他两边都是网格对角线, 边长都是无理数, 相似比为 $2\sqrt{2} : 4 : 4\sqrt{2} = 1 : \sqrt{2} : 2$, 其中 $\angle O$

$=45°$，且边长最小的三角形 $OD_{14}E_{14}$ 的三边长分别为 $\sqrt{5}$，$2\sqrt{2}$，3。

⑥如图 3-39 所示，2 个相似三角形的一边在网格线上，边长为整数，其他两边都是网格对角线，边长都是无理数，相似比为 $2\sqrt{2}:4=1:\sqrt{2}$，其中 $\angle O=45°$，且边长最小的三角 $OD_{17}E_{17}$ 的三边长分别为 $2\sqrt{2}$，$\sqrt{13}$，5。

（2）三边都在网格对角线上。

如图 3-40 所示，在 $\triangle OD_{19}E_{19}$ 中，$\angle O=45°$，三边长分别为 5，$2\sqrt{10}$，$3\sqrt{5}$，三边之比为 $\sqrt{5}:2\sqrt{2}:3$。

故 $\triangle OD_{19}E_{19} \backsim \triangle OD_{14}E_{14} \backsim \triangle OD_{15}E_{15} \backsim \triangle OD_{16}E_{16}$。

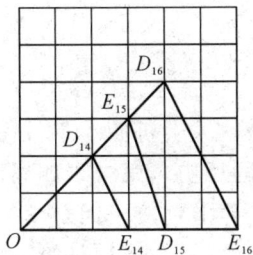

图 3-38

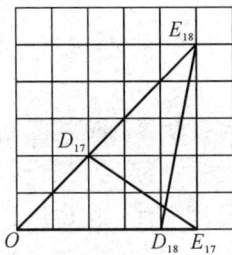

图 3-39

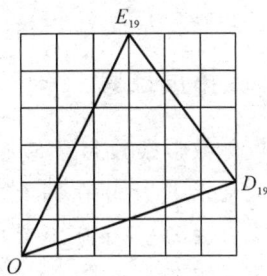

图 3-40

由（1）（2）可知，在 6×6 网格图中，含 $45°$ 角的斜三角形共有 19 个，相似三角形有 6 种类型。

综合（1），（2）可知，在 6×6 网格图中，含 $45°$ 角的格点相似三角形从形状来分共有 7 类。

【方法提炼】探究在 6×6 网格图中画含 $45°$ 角的相似三角形，其思想方法与在 4×4 网格图中画含 $45°$ 角的相似三角形相同，都是从图形的形状、位置、大小三个方面考虑，并且遵循从特殊到一般的原则。不同的是相似三角形的类型不同，并且有的类型相似三角形的个数也不同。一般来说，网格越多，三角形的类型越丰富，同类型的相似三角形的个数也越多。

练习与思考

1. 如图 3-41 所示，在 $\triangle ABC$ 中，$\angle A=45°$，$b^2=2(c^2-a^2)$，求 $a:b:c$ 的值。

2. 如图 3-42 所示，从顶点 B 出发裁剪一个最大的三角形，要求三角形的两边 $BJ:BK=2\sqrt{2}:3$，$\angle KBJ=45°$。可以怎么裁剪？

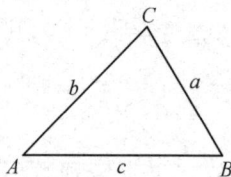

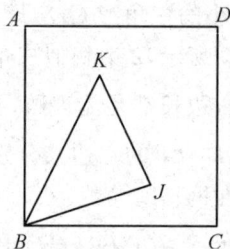

图 3-41　　　　　　　　　图 3-42

3. 在 8×8 网格图中画含 45°角的格点三角形,最多能够画出几种类型(全等的算同一种)?

拓展阅读

国际数学家大会 ICM 被誉为数学界的奥林匹克盛会。大会每四年举行一次,首届大会于 1897 年在瑞士苏黎世举行,至今已有百余年的历史。第二十四届国际数学家大会 2002 年在中国北京隆重举行。此次大会在世界上创造了四个第一:历史上第一次在发展中国家召开;是数学史上参加人数最多的一次会议;是第一次在中国召开的国际数学家大会,并由中国数学家吴文俊院士担任大会主席;是发展中国家规模最大的数学会议。

图 3-43 是 2002 年在北京举办的国际数学家大会的会标"弦图",它既标志着中国古代的数学成就,又像一只转动着的风车,欢迎世界各地的数学家。

(1)在图 3-44①中画一个"弦图",要求每个直角三角形是格点三角形。

(2)在图 3-44②中画一个与图 3-44①中相似的"弦图",要求每个直角三角形是格点三角形。

图 3-43

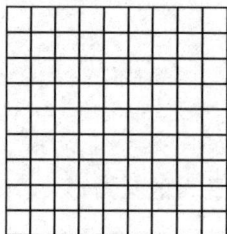

①

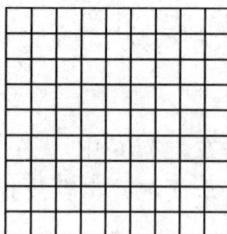

②

图 3-44

六、实际问题数学化

探索 A4 纸的数学秘密

复印纸中最常见的就是 A4 纸,A4 纸的尺寸很奇怪,是 210mm×297mm,它避开了我们习惯性的认识——用方便记忆的数据。为什么采用这样特别的尺寸?其中蕴含着什么数学原理?

学习目标

◆ 进一步掌握相似多边形的性质,会用相似图形的性质计算相关问题。

◆ 通过认识生活中遇到的标准纸,学会从数学的角度认识世界,解释生活现象,逐步形成"以数学的眼光看世界"的习惯。

学习进度建议

在学习课本第 4.6 节"相似多边形"后研究这个课题。

问题

A4 纸的尺寸是 210mm×297mm,其中 210 与 297 这两个数之间有什么关系呢?通过计算,我们发现,297 与 210 这两个数的商为 $1.4142857\cdots$,它是接近 $\sqrt{2}$ 的数,也就是说,A4 纸的长宽之比接近 $\sqrt{2}$。而复印用的 A3 纸的长、宽分别是 420cm 和 297cm,它们之比为 $1.41414\cdots$,也接近 $\sqrt{2}$。根据尺寸可以知道,A3 纸可由两张 A4 纸拼成,或者说将 A3 纸对开(沿其长边中点连线对折裁开,见图 3-45)后就得到两张 A4 纸.

> 我们把长与宽之比为 $\sqrt{2}$ 的纸称为标准纸。

阅读了上述材料后,小明提出了两个问题:

(1)沿标准纸的长边对折裁开得到的两个矩形纸张一定是标准纸吗?

(2)是不是只有标准纸才会有这样神奇的特征呢?

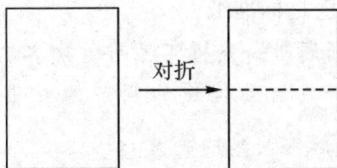

图 3-45

【思考】判断矩形纸张是不是标准纸的依据是什么?

【问题解决】

(1)我们先尝试把第一个问题数学化。

如图 3-46 所示,在矩形 $ABCD$ 中,$\dfrac{AB}{AD}=\sqrt{2}$,沿长边对折(点 E,F 为 AB,CD 的中点),得到两个矩形 $BCFE$ 和 $AEFD$,试说明它们的长与宽之比均为 $\sqrt{2}$。

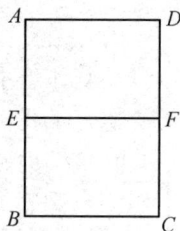

图 3-46

解:在矩形 $ABCD$ 中,

$\because$ 点 E,F 为 AB,CD 的中点,

$\therefore AE=EB=\dfrac{1}{2}AB$,且矩形 $AEFD\cong$ 矩形 $BCFE$.

在矩形 $AEFD$ 中,$\dfrac{AD}{AE}=\dfrac{AD}{\dfrac{1}{2}AB}=2\times\dfrac{AD}{AB}=2\times\dfrac{1}{\sqrt{2}}=\sqrt{2}$。

同理,$\dfrac{BC}{EB}=\sqrt{2}$,所以矩形 $ABCD$ 对开后得到的矩形的长与宽之比均为 $\sqrt{2}$。

因此,标准纸对开之后得到的矩形纸都是标准纸。

(2)反过来,是不是只有标准纸才有这一特征呢? 我们也把这个问题数学化。

如图 3-47 所示,将矩形纸片 $ABCD$ 沿长边 AD,BC 的中点 E,F 对折,得到的两个矩形纸片 $ABFE$ 和 $DEFC$ 都是标准纸,则原矩形纸片 $ABCD$ 是标准纸吗?

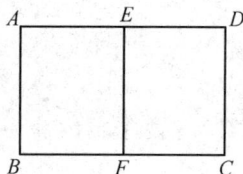

图 3-47

解:$\because$ 矩形 $ABFE$ 和矩形 $DEFC$ 由矩形 $ABCD$ 对折所得,

$\therefore$ 矩形 $ABFE\cong$ 矩形 $DEFC$,且 $AE=DE$,$BF=CF$.

又 $\because$ 矩形纸片 $ABFE$ 和 $DEFC$ 都是标准纸,

$\therefore AB=\sqrt{2}AE$.

$\because AD=AE+DE=2AE$,

$\therefore\dfrac{AD}{AB}=\dfrac{2AE}{\sqrt{2}AE}=\sqrt{2}$,

$\therefore$ 原矩形纸片 $ABCD$ 也是标准纸.

【归纳】 (1)解决实际问题时需先将实际问题数学化。

(2)要充分发挥定义所具有的性质和判定的双重作用。如问题中的"标准纸——长与宽之比为 $\sqrt{2}$"是解决问题的关键。

例 1

如图 3-48 所示,将一张标准纸一次又一次对开后,所得的矩形纸片都是标准纸。现有一张标准纸 $ABCD$，$AB=1$，$BC=\sqrt{2}$．问：第 1 次对开后所得标准纸的周长是多少？第 5 次对开后所得标准纸的周长是多少？探索并直接写出第 100 次对开后所得标准纸的周长。

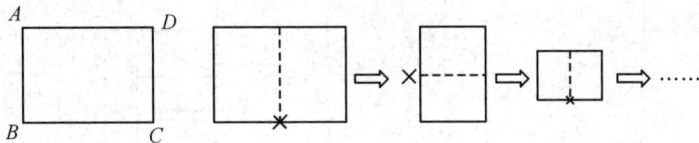

图 3-48

【想一想】

在对开过程中，新得到的矩形与原矩形有怎样的关系？每一次对开之后矩形的边长是怎样变化的？

解：标准纸对开后仍是标准纸，对开后得到的矩形与原矩形相似，因为原矩形的宽是对开后矩形的长，所以原矩形与其对开后矩形的相似比为 $\sqrt{2}$。

标准纸 $ABCD$ 的周长是 $2\times(\sqrt{2}+1)$，

第一次对开所得矩形的周长为 $2\times(\sqrt{2}+1)\times\dfrac{1}{\sqrt{2}}=2+\sqrt{2}$；

第二次对开所得矩形的周长为 $2\times(\sqrt{2}+1)\times\dfrac{1}{(\sqrt{2})^2}=1+\sqrt{2}$；

第五次对开所得矩形的周长为 $2\times(\sqrt{2}+1)\times\dfrac{1}{(\sqrt{2})^5}=\dfrac{2+\sqrt{2}}{4}$；

……

由此规律可知：第 100 次对开所得标准纸的周长为 $2\times(\sqrt{2}+1)\times\dfrac{1}{(\sqrt{2})^{100}}=\dfrac{\sqrt{2}+1}{2^{49}}$；

所以第 5 次对开后所得标准纸的周长是 $\dfrac{2+\sqrt{2}}{4}$，第 100 次对开后所得标准纸的周长是 $\dfrac{\sqrt{2}+1}{2^{49}}$。

【方法提炼】 利用标准纸对开后形状不变，相似比为 $\sqrt{2}$，来获得周长的变化规律。

例 2

把标准纸（长与宽之比为 $\sqrt{2}$）一次又一次对开，如图 3-49 所示．

(1)计算 $\dfrac{1}{2}+\dfrac{1}{4}+\dfrac{1}{8}+\dfrac{1}{16}+\dfrac{1}{32}+\cdots+\dfrac{1}{2^n}=$_____。（用含 n 的代数式表示）

(2)按图 3-50 所示方式叠放图 3-49 中的标准纸,你发现了什么有趣的现象?你能给出数学解释吗?

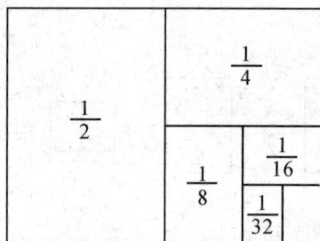 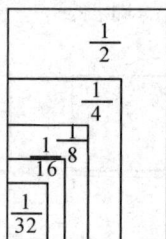

图 3-49 　　　　　　　　　图 3-50

【想一想】

(1)结合图形,说明算式有什么意义。

(2)一次次对开而成的矩形之间有怎样的关系?叠放后图形的顶点又有什么特征?

解:(1)$\frac{1}{2}+\frac{1}{4}+\frac{1}{8}+\frac{1}{16}+\frac{1}{32}=1-\frac{1}{32}=\frac{31}{32}$。

设原矩形的面积为 1。由图 3-49 可知,$\frac{1}{2}+\frac{1}{4}+\frac{1}{8}+\frac{1}{16}+\frac{1}{32}$ 就是五次对开所得矩形的面积和,所以就等于原矩形面积减去第五次对开所得其中一个矩形的面积,故 $\frac{1}{2}+\frac{1}{4}+\frac{1}{8}+\frac{1}{16}+\frac{1}{32}+\cdots+\frac{1}{2^n}=1-\frac{1}{2^n}=\frac{2^n-1}{2^n}$。

(2)这些叠放起来的矩形的右上角顶点同在一直线上。对开所得的这些小矩形都是相似的,它们的长与宽之比都为 $\sqrt{2}$。

若以图 3-50 最大矩形的左下顶点为原点,宽与长所在的直线分别为 x 轴、y 轴建立直角坐标系,则这组矩形右上顶点的坐标都满足 $\frac{y}{x}=\sqrt{2}$,即 $y=\sqrt{2}x$,也就是说,这些顶点都在直线 $y=\sqrt{2}x$ 上。

【方法提炼】以形助数,将算式转化为图形面积问题,化抽象为直观;以数助形,通过建立坐标系,揭示图形顶点的数量特征。

练习与思考

1.把一个矩形划分成五个全等的矩形,若要使每个小矩形与原矩形相似,则原矩形的长、宽之比应满足什么条件?

2.在研究图形的相似问题时,甲、乙同学的观点如下。

甲:将边长为 3,4,5 的三角形按图 3-51 所示方式向外扩张,得到新三角形,它们的对应边间距为 1,则新三角形与原三角形相似。

乙:将邻边为 3 和 5 的矩形按图 3-52 所示方式向外扩张,得到新的矩形,它们的对应边间距均为 1,则新矩形与原矩形相似。

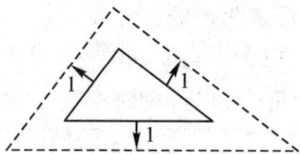

图 3-51

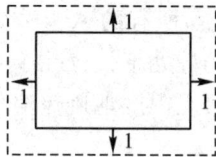

图 3-52

(1)甲、乙两人的观点正确吗?

(2)若新图形与原图形不相似,则向外怎样扩张,才能使新图形与原图形相似?

3.在一次综合实践课上,小明尝试着将矩形纸片 ABCD(AB<BC))进行如下操作(见图 3-53):

第一步:沿过点 A 的直线折叠,使点 B 落在 AD 边上点 F 处,折痕为 AE(见图 3-53①)。

第二步:沿过点 D 的直线折叠,使点 C 落在 AD 边上点 N 处,折痕为 DG(见图 3-53②),此时点 E 恰好落在 AE 边上的点 M 处。

第三步:沿直线 DM 折叠(见图 3-53③),此时点 G 恰好与点 N 重合。

请你探究:矩形纸片 ABCD 是否为标准纸?并说明理由。

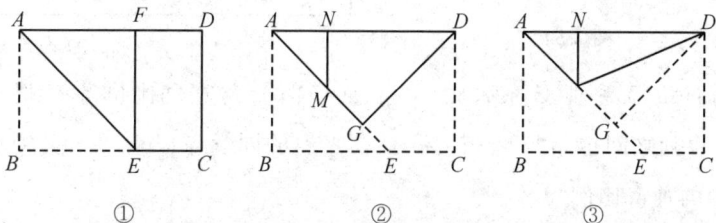

图 3-53

拓展阅读

现在世界范围内使用最广的纸张规格是"国际标准纸张规格系列",A4 纸就是来自这个系列。这套标准由国际标准组织(International Standards Organization)制定,也可称为 ISO 纸度。ISO 纸度分为 A,B,C 三个系列,其中 A 系列应用最广泛,它又分为 A0,A1,A2,A3,A4,A5,A6,A7,A8,A9,A10 十种类型(见图 3-54)。

A4 纸名称的由来就是因为它是由 A0 纸连续四次对开后形成的。国际标准纸 A 系列家族拥有神奇的特征——长宽之比为 $\sqrt{2}$。初始纸张 A0 纸的面积是

$1m^2$，根据长宽之比为$\sqrt{2}$，就能定下 A0 纸的尺寸：841mm×1189mm；A1 纸则是 A0 纸一半的大小，保留宽度，长度除以$\sqrt{2}$（当结果不是整数毫米，则向下取整），得到 A1 的尺寸是 594mm×841mm；…以此类推，得到整个 A 系列纸张的尺寸（见下表1）。不难发现，所有的 A 系列家族纸张都是相似的。

这样设计的好处不仅仅在于它的美感，更在于它的功能性，它在造纸工厂的剪裁中可以做到最大限度地避免浪费，甚至是完全没有浪费！

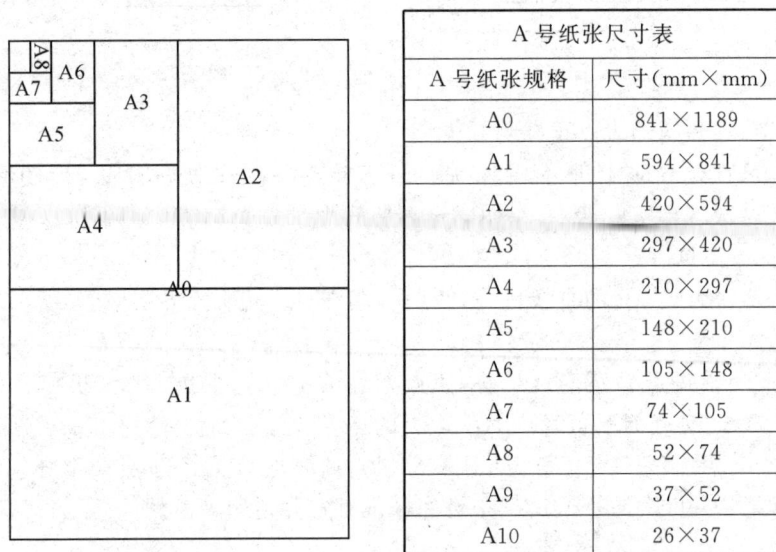

图 3-54

A 号纸张尺寸表	
A 号纸张规格	尺寸(mm×mm)
A0	841×1189
A1	594×841
A2	420×594
A3	297×420
A4	210×297
A5	148×210
A6	105×148
A7	74×105
A8	52×74
A9	37×52
A10	26×37

国际标准纸 B 系列、C 系列跟 A 系列一样，长与宽之比也等于$\sqrt{2}$，更神奇的是，A，B，C 系列之间也用"$\sqrt{2}$"相关联。有兴趣的同学可以查阅相关资料，再探国际标准纸中的神奇比例"$\sqrt{2}$"。

第四节 《数学新探索》编写特点研究及启示

一、研究背景

21 世纪初，为适应社会发展对多样化人才的需求，拓展性课程作为国内学校课程的重要建设内容之一应运而生。它属于普通中小学课程，面向全体学生，是在基础性课程的基础上，为拓展学生知识且发展其潜能而开设的校本课程。虽然拓展性课程在国内开发与实施已历时十余年,但已有的课程实践研究表明,大部分学校把由学校提供的拓展性课程等同于教师自行开发拓展性课程,因此出现了课程质量不高、散乱无序等问题,特别是开发的学科类拓展性课程易演变成基础性课程内容的练习巩固与延伸,这些都有悖于拓展性课程建设的初衷。

2015 年浙江省教育厅颁发的《关于深化义务教育课程改革的指导意见》首次明确提出将义务教育课程分成基础性课程和拓展性课程,并对拓展性课程开发与实施的要求予以说明,掀起了浙江省中小学拓展性课程开发与实施的热潮。与此同时,在"立德树人"背景下,数学核心素养已成为数学课程改革的新指向。虽然《全日制义务教育数学课程标准(2011 年版)》(以下简称《义务课标》)与浙江省教育厅发布的《关于建设义务教育拓展性课程的指导意见》(以下简称《指导意见》)都未对学科核心素养的内涵进行界定,但初中数学课程仍承担着落实学生数学核心素养的重任,《指导意见》更明确地指出以培养学科核心素养为导向建设知识类拓展性课程。

因此,如何以培养数学核心素养为导向,选择与组织拓展性课程教学内容成为影响课程开发与实施效果的关键因素,同时这也是学校开展拓展性课程建设的薄弱环节。为解决这一问题,浙江省教研室组织省内各地数学教研员、特级教师,联合高校数学教育学者编写了初中数学拓展性课程教材《数学新探索》。教材编写是影响学生拓展性课程"学习机会"的重要因素,研究结合拓展性课程建设要求,构建研究框架分析《数学新探索》编写特征,以期为学校学科类拓展性课程的开发与实施提供启示。

二、研究设计

(一)研究对象

研究对象为《数学新探索》七至九年级上册①共三本教材,该套教材依据浙江省教育厅《关于深化义务教育课程改革的指导意见》和浙江省教育厅办公室《指导意见》编写,与浙教版初中数学教材同步。

(二)研究问题

《数学新探索》是初中数学拓展性课程的潜在实施课程。《指导意见》中明确提出,拓展性课程是基础性课程的延伸、应用与整合,要以培养学生核心素养为导向,

---

①　全套书共 6 册,研究进行时下册还未出版。

遵循多样性、综合性、实践性等课程建设原则,为不同层次的学生提供适合的课程。研究主要分析《数学新探索》七至九年级上册三本教材是否根据课程指导文件要求进行设计编写,并将研究问题确定如下:

(1)数学拓展性课程与基础性课程的教学内容有何联系?是否实现了对数学基础性课程的延伸、应用与整合?

(2)初中数学拓展性课程教材是否满足拓展性课程建设要求,即教材是否具备多样性、层次性、自主性、综合性、实践性的特点?

(3)数学核心素养在拓展性课程教材中渗透情况如何?

数学核心素养目前没有统一的界定,部分学者将数学核心素养界定为学生应具备的适应终身发展和社会发展需要的必备品格和关键数学能力,且主要讨论定义中的数学关键能力。高中数学课程标准修订组提出的六个数学核心素养本质上也是六种数学关键能力,它们提炼自《义务课标》的十大核心概念,不仅较好地凸显了数学学科的本质,且从逻辑上较为完整。因此研究借鉴高中课标对数学核心素养的分类,并对"逻辑推理"稍做修改,聚焦于数学抽象、数学推理、数学建模、直观想象、数学运算与数据分析这六个数学核心素养,分析其在初中数学拓展性课程教材中的渗透情况。

(三)研究框架

研究的拓展性课程教材在前言中指出通过设计数学主题式、探究式学习活动,为学生提供动手操作及实践体验的机会,数学核心素养亦是在数学活动中通过对数学知识的亲自探索和创造而发展起来的,结合上述研究问题,研究确定从探究活动视角出发设计分析框架。

首先,明确拓展性课程教材中探究活动"学习进度""内容特征""呈现方式"分析维度。"学习进度"是指通过每个课题导引处学习时间段建议,分析拓展性课程与基础性课程的联系;"内容特征"是指根据教材前言中提出的六类活动特点进行分析,即趣味数学与游戏、数学史话与欣赏、数学实验与探究、生活数学与应用、数学思想与方法、知识延伸与拓展;"呈现方式"是指教材设计的导引、问题、例题、练习及拓展阅读五种呈现方式。

其次,为了更好地揭示拓展性课程教材内容探究特征,借鉴已有的数学教材探究活动分析框架,对每个课题下每一类呈现方式从情境表述、问题表述、活动类型及活动组织形式等方面进行深度分析,具体框架如图3-55所示。

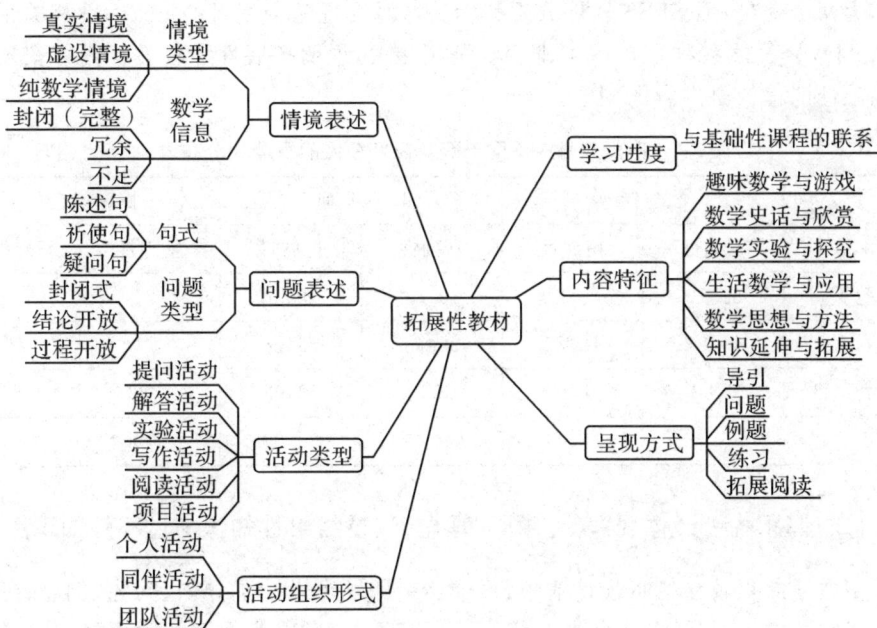

图 3-55　拓展性课程教材分析框架

三、研究结果

(一)两类课程教学内容显著正相关,实现了对基础性课程内容的延伸

拓展性课程教材在基础性课程的基础上,以拓展课题的形式呈现教学内容,三本拓展性课程教材共设计了 78 个拓展课题,每一课题都围绕一个主题性的问题解决展开,拓展课题出现的位置则主要依据基础性课程教材的编排顺序设置。拓展性课程教材在每个课题的导引处,明确了该拓展课题的学习进度,即建议在基础性课程教材的某一章或节后学习。统计表明,教材编写者针对基础性课程教材的每一章内容都设计了相应的拓展课题,其中 84.62% 的拓展课题更明确到基础性课程某一节教学后出现,其余明确到某一章教学后出现。拓展性课程教材内容较好地实现了对基础性课程内容的拓展延伸。

具体而言,对七至九年级上册三本基础性及拓展性课程教材在不同年级、不同内容领域的章节数量及其百分比进行统计,三本基础性课程教材总的章节数为 84,拓展性课程教材中学习课题数为 78。两类教材在不同年级、不同内容领域的百分比分布(各章节数/总章节数)如表 3-1 所示。将上述两类教材内容所占百分比作为两个变量,用 SPSS 软件分析其相关性时发现两个变量的 Pearson 相关系数为 0.949,显著性系数为 0.000,即为显著正相关,说明拓展性课程教材内容实现了与基础性课程教材内容的同步。

表 3-1　两类教材在不同年级及内容领域的百分比分布表　　　　(%)

	数与代数		图形几何		概率统计	
	基础性	拓展性	基础性	拓展性	基础性	拓展性
七上	30.12	28.21	10.84	3.85	/	/
八上	10.84	12.82	20.48	23.08	/	/
九上	4.82	6.41	18.07	23.08	4.82	2.56
总百分比	45.78	47.44	49.40	50.00	4.82	2.56

(二)课题式设计体现"学为中心"理念,注重结果性知识与过程性知识融合

　　拓展性课程教材栏目设计清晰,每个拓展课题下设计了导引、问题、例题、练习及拓展阅读五个栏目,其中例题与练习分别有 2—3 题。为便于教师更好地安排教学及学生自学,在导引、问题及例题栏目中都设计了不同的引导性环节。如图 3-56 所示,在"导引"处设计与主题相关的情境性引言,激发学生的学习兴趣,更明确课题的学习目标与学习进度,即建议在基础性课程教材某一章节之后再学习该拓展课题;在拓展性课程教材正文①中探究"问题"栏目,以"问题—思考—问题解决—归纳"四个环节呈现探究过程,每个例题下又设计"例题—想一想—问题解决—方法提炼"四个环节。拓展性课程教材设计体现了"学为中心"的教学理念,引导学生自主经历问题分析、解决、归纳提炼的过程,注重结果性知识与过程性知识的融合,以培养学生自主探索,分析、解决问题的能力。

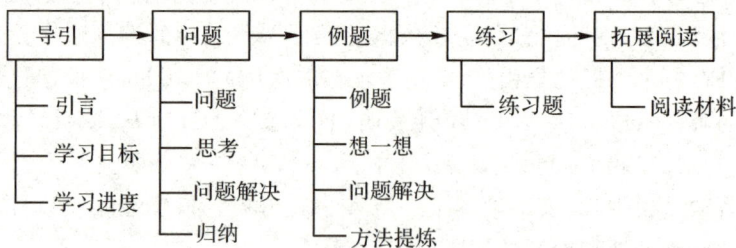

图 3-56　拓展性课程教材栏目设计图

──────────

① 本书中出现的"正文"皆指拓展性课程教材中的正文。

不同内容领域下每个拓展课题均按上述栏目设计,拓展性课程教材在设计数学拓展课题活动中渗透数学核心素养。核心素养成分中的数学抽象、数学运算、数学推理、直观想象贯穿于整个数学学习过程,但如表 3-1 所示,基础性课程教材与拓展性课程教材在概率统计领域出现的教学内容都较少。数据分析素养是统计的核心,主要由学生在进行调查研究、数据收集分析的过程中逐渐形成,概率统计内容出现比例低,使数据分析素养在课程中的渗透机会低于上述其他素养成分。

(三)挖掘课程资源设计六类拓展主题,不同年级各有侧重凸显课程层次性

为满足不同学生的学习需求,编写者充分挖掘与数学学科知识相关的课程资源,设计了趣味数学与游戏、数学史话与欣赏、数学实验与探究、生活数学与应用、数学思想与方法、知识延伸与拓展六类具有不同内容特征的拓展课题。如七上第 2.4 节"借助扑克牌学数学:'24'点游戏"引导学生借助生活经验、实物在玩中学、学中玩,激发学生的学习兴趣;七上第 5.6 节"名题欣赏:古诗中的方程"借助数学文化拓宽学生的数学视野;八上第 4.1 节"生活中的定位方法:寻找目的地"引导学生体验数学的应用价值;九上第 1.5 节"用技术学数学:用函数图象估计方程、不等式的解"为基础扎实的学生做好初高衔接的准备;九上第 5.1 节"由数思形　从汉书表达式中'读'出角度"在方法论层面引导学生掌握数学思想方法。

拓展性课程教材的层次性还体现于不同年级拓展课题各有侧重,即在七、八年级分别注重数学思想方法、知识拓展的基础上,于九年级加强数学在生活中的应用。从整体上看,78 个拓展课题中"数学思想与方法""知识延伸与拓展""生活数学与应用"类拓展课题出现比例较高,依次为 26.92%、25.64%、23.08%,其他三类课题出现比例较少。若分年级看,上述三类高比例的拓展课题依次在七、八、九年级出现比例最高,均高于 15%,而各自在其他年段出现比例较低,为 5% 左右(见图 3-57);"趣味数学与游戏""数学史话与欣赏""数学实验与探究"则在三个年段教材中出现比例均不超过 5%,特别是"趣味数学与游戏""数学史话与欣赏"均在九年级出现比例最低。

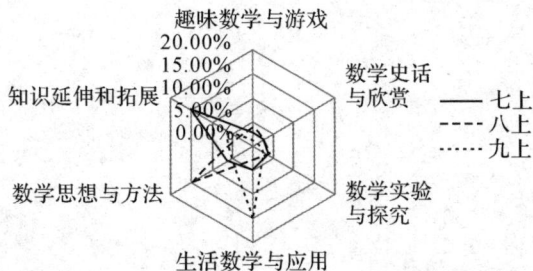

图 3-57　不同类型拓展性主题分布雷达图

（四）多样化学习活动以信息完整的个人解题为主,重视数学运算与推理

对拓展课题中导引、问题、例题、练习及拓展阅读这五个栏目的活动类型进行分类统计,发现导引与拓展阅读皆以个人阅读活动的形式呈现,且都以纯数学情境和真实情境为主,两类情境均占 40% 以上,其中 70% 的拓展阅读为有关数学问题的解答。

问题、例题及练习中则以解答活动为主,均占 93%[①]以上(见表 3-2)。拓展性课程教材正文中的问题栏目出现个别"提问""信息技术和日常生活类实验活动""文本类的项目活动",例题与练习栏目中除解答活动,只出现个别"信息技术和日常生活类实验活动"。具体而言,正文问题的解答活动中"推测解释"占 58.9%,其次为"计算证明",占 32.88%;例题与练习中解答活动比例相似,皆以"计算证明"为主(约占 68%),其次是"推测解释"(约占 27%);三个栏目的解答活动中,"验证反思"出现比例最少,约占 5%。

表 3-2　活动类型分布表　　　　　　　　　　　　　　　　(%)

	提问	解答活动	实验活动	写作活动	项目活动	阅读活动
问题	1.28	93.59	3.85	0.00	1.28	0.00
例题	0.00	98.84	1.16	0.00	0.00	0.00
练习	0.00	97.29	2.71	0.00	0.00	0.00

从问题情境设计上看(见图 3-58),虚设情境在上述解答活动中出现比例较高,均为 30% 左右。拓展性课程教材正文探究问题中三类情境出现比例较为接近;例题与练习则以纯数学情境为主,其次为虚设情境,真实情境比例较低。上述解答活动中,除了一个正文探究问题数学信息不完整,其余所有活动中的数学信息皆完整。从活动组织特点上看,除了正文问题中出现一次"日常生活类实验活动"建议同伴合作完成,一次文本类项目活动建议团队完成,其余皆为学习者的个人活动。

---

① 正文探究问题、例题及练习题中,皆有近 10% 的题设计了 2—3 个小题,考虑小题之间的衔接与指向性,分析时以最后一个小题的活动类型作为分析对象。

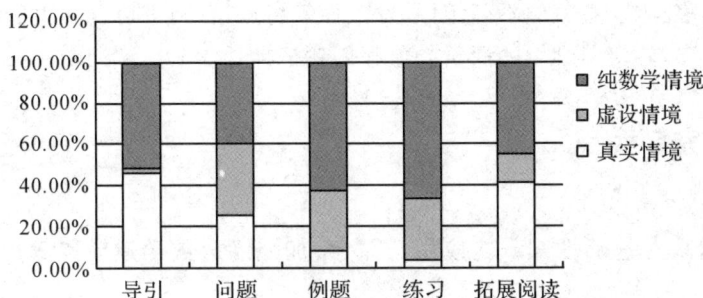

图3-58 五个栏目中情境表述分类比例

(五)解题活动以开放题为主,坚持数学基础和数学创新并举

由上述分析可知,拓展性课程教材的正文中以探究问题、例习题以解题为主,优质的数学教育应当坚持扎实的数学基础和不断的数学创新相结合,开放题是加快双基教学进行的有效途径。虽然正文三个栏目以数学信息完整的个人解题为主,但这些栏目的问题90%以上为开放式问题。如图3-59所示,正文探究问题、例题、练习题中问题类型分布十分接近,90%为过程开放式问题,封闭式问题约占8%,在正文问题中有近4%为结论开放式问题,过程与结论皆开放。从教材内容中问题表述的句式上看,上述解答活动的正文探究问题以询问式的过程开放题为主,约为80%,例题与练习则以指令式过程开放题为主。

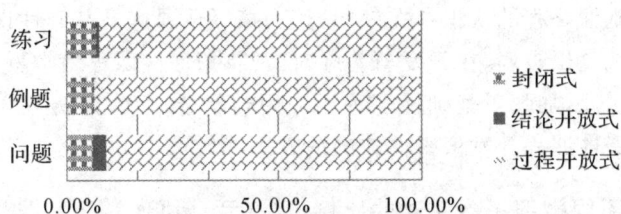

图3-59 三个栏目问题类型分布图

如拓展性课程教材八上第1.1节"列举法解决问题 能搭几个三角形"正文中的探究问题:

> 用20根等长的火柴棒搭一个三角形(火柴棒不允许有剩余、重叠和折断),你能摆出几种不同的三角形?

学生可以把符合条件的三角形一个一个写出来,也可以利用三角形三边长的关系进行推导,并基于自身解题能力,最后摆出各种不同的三角形,可能出现不同的答案,该内容属于过程开放、结局开放的探究内容。开放式问题由于其问题本身解决方法的多样性,答案的不确定性、发散性等特点,有利于培养学生的主体意识,使学生积极参与,培养学生的探索能力和创新精神。

四、研究启示

(一)提高对基础性知识的应用与整合,加强渗透数学建模素养

研究表明拓展性与基础性课程教材内容联系紧密,多样化的拓展性课题活动满足了不同层次学生的学习需求。整体而言,拓展性课程教材正文更注重在拓展基础知识与提炼思想方法的基础上将数学应用于生活,引导学生应用所学知识解决生活中相对简单且已经明确的问题,建立数学与生活之间的联系。这在一定程度上体现了课程对数学建模素养的渗透,但仍有待加强。数学建模是对现实问题进行数学抽象,用数学语言表达问题、用数学方法构建模型解决问题的素养,学生的数学建模素养是在数学活动中通过对数学知识的亲自探索和创造发展起来的。数学建模素养的落实,须引导学生应用、整合已学的基础性知识,从数学的视角发现问题、提出问题、分析问题、建立模型、求解并最终解决实际问题。而研究中的教材一方面对基础性课程学科内部、不同学科之间的应用、整合有所欠缺;另一方面,对于实际情境和明确问题,没有给学生发现、提出问题的机会。

事实上,目前数学拓展性课程开发与实施过程中,仍有很大部分一线教师对拓展性课程与基础性课程的认识存在误差,认为拓展性课程是基础性课程的拓展、深化,但应用、整合意识较弱,在开发与实施时,常将拓展性课程教学融入日常基础性课程教学中。因此,加强对基础性课程的应用与整合,切实渗透数学素养于课程,是今后数学拓展性课程开发值得关注的地方。

(二)均衡不同类型拓展活动的比例,提高活动协作性及实践性

作为学生可自主选择的课程,拓展性课程教材以明确的教学目标为导向,在主问题引领下配以例题、练习与拓展阅读,以促进学生对数学本质的深入理解。各栏目设置清晰,结合"思考""提炼"等子栏目,教学引导性强。不仅有利于教师合理安排教学内容,也有助于促进学生自主反思、自主探究能力的形成。但这些学习活动大部分是个体解答活动,例题与练习中所占比例更高。培养学生创新意识的"提问"活动,培养学生数学应用意识与能力、动手实践能力、合作探索能力的"实验活动""项目活动",则出现比例很低,没有出现培养学生数学表达能力的"写作活动",教材中的拓展课题对学生学习过程的协作性与实践性要求不高。

在数学拓展性课程开发与实施时,须避免拓展内容成为自主的练习巩固,均衡

不同类型拓展活动的比例,特别是适当提高除解题、阅读活动之外的其他拓展活动比例,为学生提供更多的动手操作、实践体验、合作学习的机会,丰富学生的学习经历。引导学生从数学视角发现、提出、分析、解决问题,提高其创新意识、应用意识及协作实践能力。如上述分析中提及的数据分析素养的渗透,可尝试在拓展课程中设计真实情境驱动下的调查统计活动,引导学生相互协作分析现实问题,以调查报告的形式呈现问题解决过程与结果。

(三)将 STEAM 教育融入数学拓展性课程中,提高活动综合性与探究性

《指导意见》中明确提出拓展性课程建设的基本原则之一"综合性",即为增强学生的探究精神与综合素质,创设有意义的真实学习情境,设计如项目活动、探究式活动等类型的活动。研究表明,一般拓展性课程教材在基础性课程教学内容的基础上,设计了多样化的拓展课题,但其正文中真实情境的探究问题出现比例并不高,数学学科内部、不同学科之间的应用与整合,以及活动的实践性与综合性都有待提高。

为更好地实现拓展性课程教学目标,建议在数学拓展性课程中增设 STEAM教育。STEAM 是科学(Science)、技术(Technology)、工程(Engineering)、艺术(Arts)及数学(Mathematics)的缩写。STEAM 教育强调五门学科的融合,本质上是以"学为中心",使用跨学科方法,让学生在动手实践、合作学习的过程中,习得认识和改造世界综合性知识的创新教育。在数学拓展性课程中增设 STEAM 教育,是寻求学科之间的协同增效之路,通过探索不同学科与数学之间的相关性,建立相关知识间的逻辑关系,为解决现实问题提出解决方案,能弥补上述课程活动在实践性与综合性上所存在的不足。在开发与实施时,须注意基于各学科基础知识与内容标准;通过真实性问题,以项目活动的方式,探索学科之间不确定的相关性。

五、小结

浙教版初中数学拓展性课程教材在基础性课程的基础上进行拓展延伸,主题式的拓展课题栏目清晰、引导性强,体现了"学为中心"的课程理念,多样化的拓展课题在不同年级各有侧重,凸显课程层次性;但应用性、整合性、实践性、综合性,以及数学建模素养在课程中的渗透有待提高。为此,加强学科内部、不同学科之间的联系,均衡不同类型拓展活动的比例,以项目活动的方式,在数学拓展性课程中设计开展 STEAM 教育,是今后中学数学及其他学科拓展性课程开发与实施中值得尝试的方向。

第四章　数学拓展性课程课堂教学策略

前面介绍了义务教育阶段知识类拓展性课程的内涵及其呈现的差异性、前瞻性、综合性等特征,本章在上述数学拓展性课程开发的基础上,从数学拓展性课程的教学特征出发,探讨拓展性课程的实施及其特征。

第一节　数学拓展性课程课堂教学特征

作为开放式的课程体系,拓展性课程着力于转变育人模式,课堂教学呈现出以下特征。

一、教学对象主体化

拓展性课程以学习目标为出发点,重视学生在活动中的主体地位,给予学生更大的学习自主权和学习空间,允许个性化、差异化的学习进度的生成。学生可以根据自身特点,选择适合自己的方式进行个性化学习或团队合作学习,在课程学习中发展个人的价值观、知识和能力,培养学习的自主性。

二、教学过程问题化

拓展性课程旨在培养学生的问题意识,帮助学生探寻问题解决的途径,从而引发学生学习方式的变革。针对不同内容,拓展性课程以问题为核心,以解决问题为驱动力,设置不同层次的问题,将学生置于有意义的问题情境中,让学生积极寻找解决问题的途径,尝试利用多种办法解决问题,从而形成一种培养解决问题技能的教学模式。

三、教学活动思维化

拓展性课程从分析与综合、比较与分类、抽象和概括这三个思维培育维度出发,将学生接触的材料"问题化",即为什么要学习这个知识? 产生这个知识的缘由是什么? 这个知识是如何生成的? 它与其他知识有什么关系? 让学生深度思考知识的产生、发展以及与其他事物的联系,并适当迁移,培养学生的感性具象思维、抽象逻辑思维、理性具象思维。

四、课堂内容主题化

拓展性课程是在学生一定的知识背景下,选择某一设计主题作为中轴,将课程内容更多聚焦于生活,以学习目标和具体学习要求去刺激和满足学生的认知和非认知发展需求,以真实情境去表达及驱动主题任务的完成。

五、教学目标综合化

拓展性课程从多角度进行教学活动设计,实现多层次学习目标,做到让学生在学习知识的同时又提升能力。而且教师要综合考虑不同学生的智力、家庭环境、自身努力等各种因素,设立不同的教学目标,并从不同的切入点开始教学活动,培养各层次学生的综合能力。

第二节　数学拓展性课程教学策略

初中数学拓展性课程教材编写组在开发教材的同时,也在积极推进拓展性课程教学实施。课题组在 3 年多的教学实践中积累了大量的教学案例,并提炼出下列数学拓展性课程教学策略。

一、教学内容选择注重学科知识与实践性知识融合

选择合适的实践性知识内化为学科知识,有助于学生逐步发现和得出数学结论。拓展性课程在组织教学内容时应充分考虑在学科中联系生活实际,并且在实践中体现学科知识,做到以生活为背景,发挥学生的主体性;以探索为主线,关注学

生的学习过程;在自主探究中,培养学生的综合能力。

【案例】在"平面的密铺"的教学设计中,设计如下问题:①用一种全等的多边形密铺有哪些情况? ②用一种正多边形密铺有哪些情况? ③用两种正多边形密铺有哪些情况? ④用三种及以上正多边形密铺有哪些情况?

【评析】此案例中的问题设计,引导学生用已有的数学学科知识去解决生活中多边形密铺的问题,并要求给出合理解释。通过联系数学知识与生活实践,推动学生关心现实、了解社会,体会数学的实用性,帮助学生积累一定的感性经验和实践经验。

二、教学过程安排注重显性知识与隐性知识融合

拓展性课程因学生发展需要而开设,最终的成败也取决于学生的理解程度、接受程度、消化程度。如何在拓展性课程的建设中突破这一难点,还应回到拓展性课程的特征上来,只有将隐性知识通过教学过程问题化、教学活动思维化等方式"显化",与显性知识相互融合,有效地引导学生经历知识形成的过程,让学生在观察、实验分析、抽象、概括的过程中,看到知识背后所蕴含的思想,并运用这些思想进行再认识、再实践,"再创造"才有可能出现,拓展性课程追求的思维发散才有可能被实现。

【案例】在"格点中的无理数"中,经过尝试有如下解决思路:

对于问题1,我们可以画出正方形,阴影部分的面积为5,其正方形的边长恰好为1×2的长方形的对角线。

对于问题2,在3×3的方格中,能画出的最长线段是大正方形的对角线,这条线段的长度是多少呢?如果我们把这个方格补成6×6的大方格,采用上述方法可以画出一个面积为18的正方形,所以,这个正方形的边长为$\sqrt{18}$。因此,在3×3的方格中,能画出的最长线段的长是$\sqrt{18}$,这是一个无理数。

【评析】隐性知识的传授和继承是学生培养过程中极为重要的组成部分。该"格点中的无理数"案例通过教师"身教"的方式让学生感受教师在该活动中解决该类问题的系统的方法和思路,更具实效性。通过这种日积月累、"润物细无声"的方式,优秀的教师们能够更好地将自身隐性的治学知识传授给学生。

三、教学目标设计注重结果性知识与过程性知识融合

从核心素养中提出的"必备品格"和"关键能力"的角度来看,课改的步伐不仅要能满足于学科内容的习得,而且要求形成某种"素质"与"学力",这就产生了不仅

要从"结果",也要从"过程"来把握"教育价值"的视点;从教学评价角度来看,在教学目标设计过程中将结果性知识与过程性知识融合,将有助于解决过程性知识较难评价的问题。作为深化义务教育课程改革的中坚力量,拓展性课程的开发与实施是建立在对知识的延伸、拓展上的,应更注重将过程性知识纳入教学目标当中,把学习的过程还给学生。

【案例】在"进一步认识无理数"的教学设计中,教学目标聚焦于以下部分。

【知识与技能】

(1)会用平方法比较两个正数的大小,会用二分法取数缩小范围;

(2)掌握用有理数逐步逼近无理数的方法;

(3)了解无理数的证明方法和无理数的广泛存在。

【过程与方法】

在观察正方形的面积与边长的关系中领悟用平方法比较两个正数的大小,在确定十分位、百分位、千分位的过程中体会用"二分法"取数缩小比较的范围,感受用有理数逐步逼近无理数的数学思想,师生一起经历用反证法证明结论的过程。

【情感态度价值观】

(1)培养学生自主探究知识的能力;

(2)经历观察、交流、探究、证明等学习活动,提升学生的数学核心素养。

【评析】"无理数"的学习在浙教版七上,涉及的近似值取值在该课时中作为教学难点呈现于教材。在该过程中多由教师展示,学生不能较好体验"逐步逼近"这一重要数学思想的过程,对这一思想的理解并不透彻。该案例的教学目标更强调学生在活动中的观察、思考、计算等行为,通过参与、经历近似值取值这一活动过程体会数学思想的发生、发展以及数学的奥妙之处。

四、教学活动开展注重知识性与趣味性融合

有价值的数学学习不一定是数学类型的问题,它也可以是来自生活或实践中的问题,还可以是有趣的游戏。心理学研究表明:学生在不同状态下的学习效果是截然不同的。假设学生在学习过程中拥有积极的心态,他们的思维能力与记忆力会有很大提升,会对问题产生浓厚的兴趣。在数学拓展性课程中利用游戏的特点,表面看似玩耍,实质上是学习数学思想与方法,进行数学准确计算与严密推理等。即通过游戏这种形式提升学生的思维。

【案例】在"硬币自身转了几圈"的教学过程中提出如下环节。

环节一:提出问题

(1)一枚直径为 d 的硬币,沿着长为 πd 的线段 AB 从点 A 滚动到点 B,问该硬

币自身转了几圈？把线段 AB 弯成一个圆,会怎样呢?

(2)取两枚大小相同的硬币,将其中一枚平放在桌子上并固定,另一枚沿着固定的边缘无滑动地滚动一周,那么滚动的硬币自身转了几圈?

环节二:做一做

(四人小组)用两个大小相同的硬币进行实验,结果怎样?能看清楚自身转几圈吗?你怎样改进实验操作?与同伴进行交流。

环节三:动画演示

把大家的实验操作清楚地展现在几何画板上,动画演示。

【评析】该案例是一个非常简单但却有趣的拓展性课程的课例。该活动中仅使用生活中常见的硬币,教师通过几何画板演示,就能通过具象观察抽象出"硬币自身转了几圈"的规律。学生通过不断的尝试与总结得到该问题的规律,将自己的操作及其活动经验介绍给同伴,分享游戏的奥秘。通过对自己的活动经验进行抽象和概括提炼出更一般的数学思想方法,并把数学思想迁移到数学学习上,进行学法指导。把游戏的好奇变为有深度的思考,揭示其中蕴含的数学思想和方法,提升学生的思维品质。

拓展性课程的开发与实施,增强了义务教育课程的选择性和灵活性,提升了学生的学习兴趣,满足了学生个性化学习和多样化成长的需求。

第三节　专家型教师数学拓展性课程课堂教学特征研究

在全面深化课程改革,落实立德树人根本任务的背景下,浙江省教育厅于2015年出台《关于深化义务教育课程改革的指导意见》,浙江省教育厅随后出台《关于建设义务教育拓展性课程的指导意见》[1],明确各类拓展性课程建设要求。在此背景下,拓展性课程的开发与实施成为近年来浙江省内各中小学深化课程改革的重要工作之一,目前包括浙江省在内的国内初中数学拓展性课程建设仍处在经验的摸索和积累阶段[2][3][4],虽有学校在构建与实施初中数学拓展性课程上取得

---

① 浙江省教育厅. 关于建设义务教育拓展性课程的指导意见[EB/OL]. http://www. zjedu. gov. cnnews142778441751261711. html,2015-12-01.

② 何萍,章才岔. 初中数学拓展性课程开发与实施情况调查研究——以温州市为例[J]. 中学数学月刊, 2018(11):38-40.

③ 邵文鸿,周建忠. 基于数学素养发展的初中拓展性课程的构建与实施研究[J]. 中学教研(数学),2018 (6):9-13.

④ 何萍. 基于教材的初中数学拓展性课程资源开发的途径和方法[J]. 中学数学杂志,2018(10):5-7.

了一定的成效①,但整体上存在教学内容选择困难、课程执行低效、教学生态和教学方法单一等问题②。

为推进初中数学拓展性课程建设,浙江省教研室组织省内各地数学教研员、特级教师与高校数学教育学者,根据知识类拓展性课程建设要求③,联合编写了浙教版初中数学拓展性课程教材《数学新探索》④,并面向浙江省初中数学教师,分期开展"学为中心"初中数学拓展性课程名师课堂教学观摩与研讨活动。初中数学拓展性课程内容具有主题化特点⑤,其中"生活数学与应用""数学思想与方法"(以下简称"生活数学"与"思想方法")类主题与基础性课程教学内容、方法联系紧密,是目前初中数学教师开展拓展性课程教学所选择的主要课题类型。为更好地指导一线教师开展这两类拓展性课程课堂教学,研究以观摩活动中两类主题下初中数学名师拓展性课程课堂教学视频为分析对象,以"规划—行动—观察—反思及再规划"的设计研究⑥为思路,通过录像视频分析方法,提炼专家型教师初中数学拓展性课堂教学特征。

一、研究设计

(一)研究问题

拓展性课程教学应具有对象主体化、教学过程问题化、教学活动思维化、教学内容主题化等特点⑦,这也是基于核心素养培育的深度学习实现路径⑧,因此两类主题的课堂教学模式与特征研究主要围绕以下问题展开。

(1)结合拓展性课程教学及深度学习路径特征,如何构建初中数学拓展性课程课堂教学过程性分析框架?

(2)两类主题的初中数学拓展性课程教学过程具有怎样的特征?

---

① 邵文鸿,周建忠.基于数学素养发展的初中拓展性课程的构建与实施研究[J].中学教研(数学),2018(6):9-13.

② 陈小芳,陆佳.拓展型课程执行的现状、问题及其反思[J].教育参考,2016(3):106-112.

③ 浙江省教育厅.关于建设义务教育拓展性课程的指导意见[EB/OL].http://www.zjedu.gov.cnnews144254482730557300.html,2015-12-01.

④ 《义务教育拓展性课程数学新探索》(七至九年级).

⑤ 叶立军,董婷婷.义务教育阶段数学拓展性课程教学特征及策略研究[J].中小学教师培训,2019(4):56-58.

⑥ 安桂清.以学为中心的课例研究[J].教师教育研究,2013,25(2):72-77.

⑦ 叶立军,董婷婷.义务教育阶段数学拓展性课程教学特征及策略研究[J].中小学教师培训,2019(4):56-58.

⑧ 崔友兴.基于核心素养培育的深度学习[J].课程·教材·教法,2019,39(2):66-74.

（3）两类主题的初中数学拓展性课程教学是否引导学生进行深度学习，使数学核心素养培育落地？

(二)研究对象与假设

研究聚焦于"学为中心"初中数学拓展性课程名师课堂教学观摩活动中四位名师的教学过程，研讨专家在课后对这四位名师教学给予高度评价，基于此，研究假设这四位名师的教学能代表两类主题下专家型教师初中数学拓展性课程课堂教学。四位名师及授课信息如表4-1所示。

表 4-1　研究对象信息表

编　码	名师信息	上课内容
教师 A	浙江省特级教师	实际问题数学化：
教师 B	中学高级,杭州市名师	探索 A4 纸的数学秘密
教师 C	中学高级,全国优质课评比一等奖	格点问题:含 45°角的相似三角形
教师 D	浙江省特级教师	

教师 A 与教师 B 的授课内容同为"实际问题数学化:探索 A4 纸的数学秘密"，教师 C 与教师 D 的授课内容同为"格点问题:含 45°角的相似三角形"。这两个课题内容皆选自浙教版初中数学拓展性课程教材《数学新探索》九上第四章"相似三角形"，上课的学生已经学完浙教版初中数学基础性课程九上"相似三角形"。

(三)研究过程与方法

1.研究过程

针对上述研究问题，以四位名师同课异构的初中数学拓展性课程课堂教学为载体，开展"规划—行动—观察—反思及再规划"的设计研究范式[①]，研究过程如下。

第一步:邀请浙江省内初中数学名师，借鉴"学为中心"初中数学课堂教学基本模式[②]设计拓展性课程教学;

第二步:选择不同的九年级学生进行多次授课，每次课后研讨并修正教学设计;

第三步:根据最终修正后的教学设计，开展"学为中心"的初中数学拓展性课程名师课堂教学观摩及研讨活动;

第四步:对第三步的课堂教学进行录像视频分析，结合课后专家点评内容，提

①②　安桂清.以学为中心的课例研究[J].教师教育研究,2013,25(2):72-77.

炼出修正后的名师课堂教学模式并进行特征分析。

2. 研究方法

本书借鉴 TIMSS Video Study 的录像编码和视频案例研究,采用录像分析的研究方法。通过现场观察和视频拍摄相结合的方式记录修正教学设计后的名师课堂教学,通过反复观看录像,对教师课堂活动过程及师生行为进行实录、编码、分类,借助 SPSS 软件进行独立样本 T 检验、聚类分析,以及用 R 语言实现层次性分析,得出相关结论和启示。具体视频分析框架如图 4-1 所示。

(四) 研究分析框架

结合拓展性课程教学应具备的教学对象主体化、教学过程问题化、教学活动思维化等特点,研究围绕数学教学活动,从"活动与过程"与"表达与交流"两个维度构建分析框架。

如图 4-1 所示,"活动与过程"维度按活动开展需要,分为活动任务、活动过程、活动类型、活动组织形式四个一级指标。其中,活动任务采用奥加涅相对问题的分类,即根据"条件""结论""解法"和"解题基础"四个要素满足的情况,将活动驱动任务分为标准性题、训练性题、探索性题与问题性题[1];活动过程则采用斯托里亚尔对数学活动过程的分析,从经验材料的数学组织、数学材料的逻辑组织、数学理论的应用[2]这三个环节分析数学学习活动展开过程,数学组织又细分为观察与实验、归纳、类比、一般化和抽象化,逻辑组织则细分为概念、命题;结合教学现场观察,将活动类型聚焦于解答活动与实验活动,其中,解答又可以分为验证反思、计算证明及推测解释[3],实验又可以分为信息技术、科学、数学及日常生活类;结合已有学者归纳的"学为中心"初中数学课堂教学模式,将活动组织形式分为自主探究、小组合作、全班交流、反思归纳四个步骤[4][5]。

"表达与交流"维度分析上述每个步骤中师生的互动行为,即教师提问—学生应答、学生提问—教师应答、教师讲解—学生听讲、学生做题—教师辅导。根据已有课堂教学行为研究,这四类互动行为通常以教师提问—学生应答为主,为更好地呈现教学对象主体化及过程问题化特点,研究围绕教师提问、学生表达、交流反馈及形式展开具体分析。其中,教师提问按其思考性功能分为联系性提问、理解性提

① 鲍建生,周超. 数学学习的心理基础与过程[M]. 上海:上海教育出版社,2009:175.
② A. A. 斯托利亚尔. 数学教育学[M]. 丁尔陞,等,译. 北京:人民教育出版社,1985:116-182.
③ 徐斌艳. 高中数学教材探究内容的分析指标体系及比较研究[J]. 课程·教材·教法,2012,32(10):35-40.
④ 许芬英. 学为中心的初中数学课堂特征和教学基本模式初探[J]. 课程·教材·教法,2014,34(5):53-57.
⑤ 安桂清. 以学为中心的课例研究[J]. 教师教育研究,2013,25(2):72-77.

问、拓展性提问、归纳性提问[①],此外新增两类用于管理课堂纪律的管理性提问与事实性提问[②];学生表达与交流反馈主要分析学生在学习过程中的表达程度与反馈深度,具体分类借鉴美国"TRU"课堂评价模型[③]。

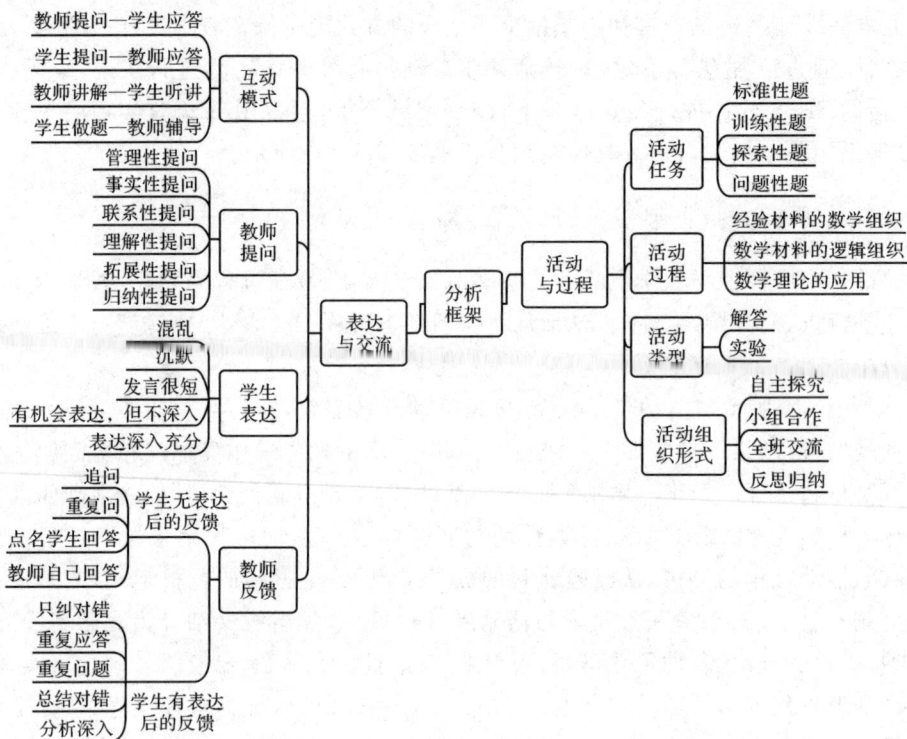

图 4-1　分析框架

二、研究结果与分析

(一)"生活数学"侧重于用数学的研究方法深度分析现实材料,渗透育人价值;"思想方法"则以数学对象为载体,聚焦于数学思维培养

综合教学实践过程及教学设计,提炼出四节课的教学流程(见图 4-2 与图 4-3),四节课都先后经历了数学活动的三个过程。教师 A 与 B 的教学内容属于"生活数

① 许芬英,潘小梅.学为中心的初中数学思考性问题类型及其设计[J].数学通报,2016,55(10):13-17.

② 叶立军,胡琴竹,斯海霞.录像分析背景下的代数课堂教学提问研究[J].数学教育学报,2010,19(3):32-34.

③ 周九诗,鲍建生.美国"TRU"课堂评价模型介绍及其启示[J].外国中小学教育,2016(12):52-56.

学"主题,以 A4 纸为载体,旨在培养学生运用数学的研究方式深度分析经验材料能力,以数学的方式结合现实材料实现实践育人目的。虽然在经验材料的数学组织过程所采用的研究切入点不同,但本质上都是引导学生从几何研究的视角,即通过研究几何图形的基本要素、相关要素揭示几何结构,探究具体的经验材料 A4 纸的长宽比值结构特点,由此抽象出数学化的标准纸定义,再利用定义深入探究标准纸的特点。教师 B 最后利用探究得到的标准纸特征引导学生体会 A4 纸设计体现的减少资源浪费理念,用数学的方式实现实践育人目的。

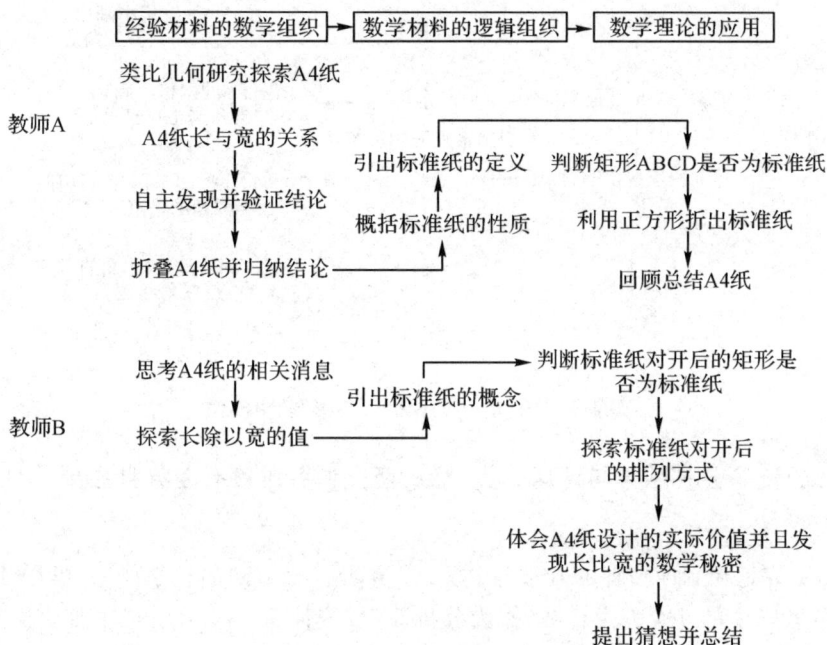

图 4-2　"探索 A4 纸的数学秘密"教学流程

　　教师 C 与 D 的教学内容属于"思想方法"主题,以格点三角形为研究载体,旨在培养学生有序思考能力。在经验材料的数学组织过程中,两位教师都从学生三角形及网格的知识经验入手,但研究切入点不同,教师 C 从三角形的基本要素边、角出发,引导学生对其在网格中进行有序分类,教师 D 则直接从计算特殊三角形面积入手,将其放在 4×4 网格中计算面积,进而引导学生对网格中三角形的边进行有序分类;在此基础上,两位老师随后都引出格点三角形的概念,进而引导学生在 4×4 网格中思考、实践如何有序地画出相似三角形。虽然两位老师在一、三环节教学内容选择稍有不同,但整体教学主线相同,即从学生已有知识经验入手,由浅入深,培养学生有序思考能力。

```
┌──────────────────┐   ┌──────────────────┐   ┌──────────────┐
│ 经验材料的数学组织 │──▶│ 数学材料的逻辑组织 │──▶│ 数学理论的应用 │
└──────────────────┘   └──────────────────┘   └──────────────┘
```

思考有关网格的信息

教师C　　在4×4的网格中画出　　　　　　　　　　　在4×4的网格中画出不同的
　　　　　不同长度的线段　　　引出格点三角形的定义　相似等腰直角三角形

　　　　　利用网格画特殊角　　　　　　　　　　　　根据波利亚解题四步骤
　　　　　　　　　　　　　　　　　　　　　　　　思考网格中相似三角形的研究方法

　　　　　　　　　　　　　　　　　　　　　　　　在6×6的网格中画出固定
　　　　　　　　　　　　　　　　　　　　　　　　边长的相似三角形

　　　　　解决△ABC的面积问题　　　　　　　　　在4×4的网格中画3个
　　　　　　　　　　　　　　　　　　　　　　　　含45°角的格点三角形
教师D　　　　　　　　　　　　引出格点三角形的定义

　　　　　研究格点线段的特点　　　　　　　　　　在4×4的网格中画多类不相似
　　　　　　　　　　　　　　　　　　　　　　　　且含45°角的格点三角形

　　　　　　　　　　　　　　　　　　　　　　　　找出同一类含45°角的
　　　　　　　　　　　　　　　　　　　　　　　　格点三角形

　　　　　　　　　　　　　　　　　　　　　　　　归纳总结

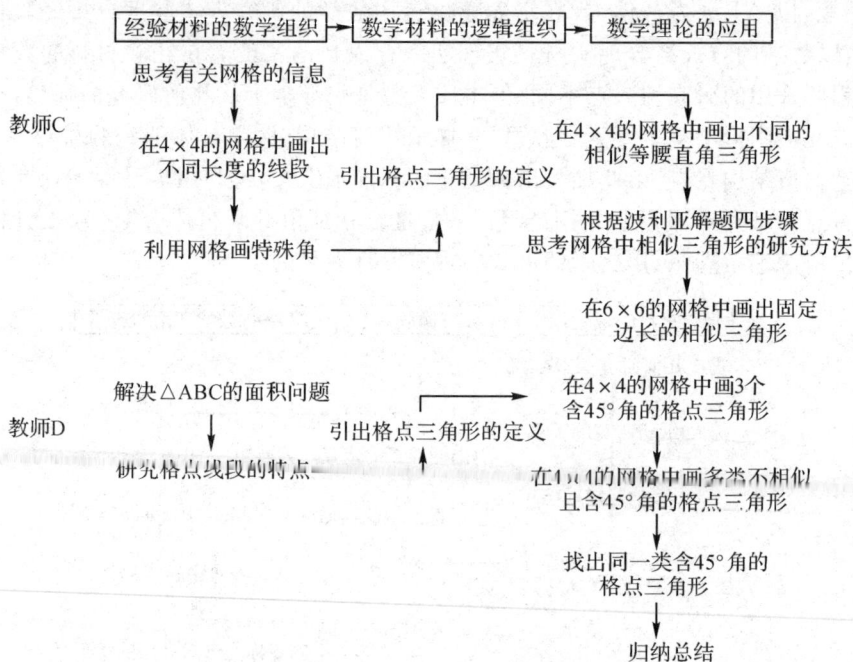

图 4-3　"含 45°角的相似三角形"教学流程

（二）聚类分析结果与课题分类一致，两类课各维度有差异且主要体现于活动类型设计

为更好地揭示四节课的共性与差异，研究者将每节课的教学任务（见图 4-2 教师 A 的教学中的 9 个教学任务）作为分析对象，统计每个教学任务在活动任务、活动过程、活动类型、活动组织形式、互动模式 5 个一级指标共 16 个维度下出现的次数，对其进行聚类分析，得到如图 4-4 所示的四节课聚类谱系图。聚类分析得到的两类课与四节课自身内容分类一致，第一类是"探索 A4 纸的数学秘密"（上文中 1 与 2），第二类是"含 45°角的相似三角形"（上文中 3 与 4），即两类课有差异可循。

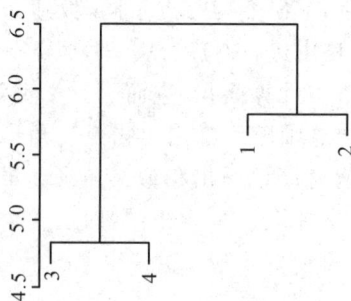

图 4-4　聚类分析树状图

　　为揭示两类课的差异特征,研究者对两类课在上述 16 个维度下出现的次数进行独立样本 T 检验。检验结果显示各维度显著性 sig.(双侧)值均大于 0.05,只在解答和实验这两个维度上 sig.(双侧)值接近 0.05(分别为 0.051 和 0.057),即两类课在活动类型上存在统计学差异,其他维度虽然存在差异,但并不显著。聚类分析结果亦呈现了两类活动主题课在 16 个维度上设计的教学环节次数参考值,如表4-2 所示。

表 4-2　初始聚类中心

聚　类	活动任务				活动过程			活动类型		活动组织形式				互动模式①		
	标准性题	训练性题	探索性题	问题性题	经验材料的数学组织	数学材料的逻辑组织	数学理论的应用	解答	实验	自主探究	小组合作	全班交流	反思归纳	教师提问	教师讲解	学生做题
生活数学	1	3	4	1	4	2	3	4	5	6	1	6	3	103	93	78
思想方法	0	0	5	2	3	1	3	7	0	1	6	6	6	188	52	13

　　聚类分析从统计学意义上建议在"生活数学"类教学中,兼顾四类活动任务,侧重训练性题与探索性题,且活动聚焦于经验材料的数学组织、数学理论的应用环节,并以解答、实验活动呈现;组织学生参与到四类活动组织形式中,且以自主探究与全班交流为主;而在教学过程中,教师提问—学生应答这类互动最多,其次是教师讲解、学生做题,三类互动相较于"思想方法"类教学区别较小。"思想方法"类教学互动以教师提问—学生应答为主,学生做题则相对较少;教学活动过程设计与"生活数学"类相似,但活动任务则以探索性题与问题性题为主,且皆为解答题,注重全班交流与反思归纳。

(三)两类课中数学理论的应用阶段时间权重皆最高,不同阶段所设计的活动任务有差异

　　两类课中教师都引导学生经历了数学活动的三个阶段,为更好地揭示两类课中教师如何组织数学活动,下文以两类课三个活动阶段所用时间平均值为分析数据进行层次性分析,如图 4-5 和图 4-6 所示。两类课在"数学理论的应用"阶段时间权重皆最高,为 60% 左右;其次是"经验材料的数学组织",为 30% 左右;"数学材料

---

　　① 由于四节课互动模式中,学生提问—教师应答只出现 1 次,作为极端小数值没有将其作为聚类分析对象。

的逻辑组织"阶段时间权重皆最低。

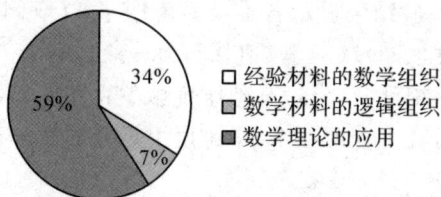

图 4-5　第一类活动过程时间权重分布扇形图

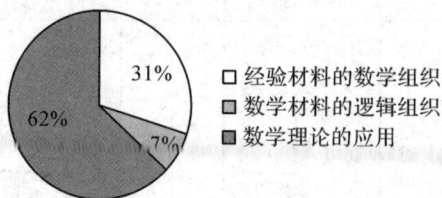

图 4-6　第二类活动过程时间权重分布扇形图

为更好地揭示各数学活动组织过程特征,研究对这三个过程中活动任务、活动类型进行独立样本 T 检验。结果表明,两类课在经验材料的数学组织和数学材料的逻辑组织上无显著性差异,但在数学理论的应用过程中在设计的训练性题($P=0.005$)和探索性题($P=0.0051$)上存在差异。具体特征如下。

两类课的"经验材料的数学组织"阶段,教师都设计了具有探索性或问题性的活动任务,引导学生通过观察,或类比几何研究的方法,或归纳经验材料特征,对材料进行数学组织。其中,"生活数学"类教学中在这阶段设计了进行推测解释的解答活动和数学类实验活动;"思想方法"类教学中在该阶段则皆为进行推测解释的解答活动。"数学材料的逻辑组织"阶段,两类课都通过定义标准纸或格点三角形,对所研究的数学材料进行逻辑组织,并以此为基础,进入"数学理论的应用"阶段。在该阶段,"生活数学"教学中虽然四类活动任务都有设计,但以训练性和探索性的推测解释的解答活动、数学类实验活动为主;"思想方法"类教学中则以探索性的解答活动为主。

(四)各阶段活动组织形式体现学为中心,但整体上以教师提问—学生应答的全班交流为主

两类课的数学活动过程中,一、三阶段时间权重较高,从活动组织上看,"生活数学"类教学中在经验材料的数学组织阶段以"全班交流—自主探究—小组合作"的形式组织开展,在数学理论的应用阶段则以"全班交流—自主探究—小组合作—反思归纳"的形式组织展开。虽然"思想方法"类在第一阶段组织形式并不统一,但

在第三阶段以"全班交流—自主探究—小组合作—反思归纳"的形式组织展开。

虽然两类课在一、三阶段的活动组织形式兼顾 3—4 类,体现"学为中心",但整体上仍以全班交流为主。研究对两类课的活动组织形式在各环节出现的次数进行层次性分析,结果如图 4-7 和图 4-8 所示。两类课中全班交流所用时间权重都最高,占 70% 左右,而全班交流又以"教师提问—学生应答"的互动为主,教师引导下的教学互动行为是影响拓展性课程教学效果的重要因素之一,为更好地揭示教学互动的特征,下文聚焦于教师提问—学生应答互动模式进行深入分析。

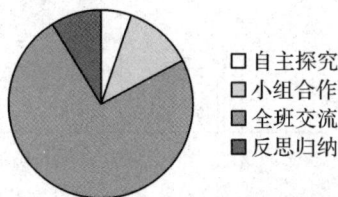

图 4-7　第一类活动组织形式时间权重分布图

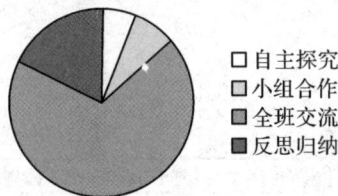

图 4-8　第二类活动组织形式时间权重分布图

(五)问答互动中提问、反馈收放有度,预留探索时间关注学生学习过程

由上述分析可知,"教师提问—学生应答"是落实教学活动任务的主要互动模式。与基础性课程教学相似[1],在该互动模式中,教师为了便于学生的理解,往往把较难的活动任务分割成一系列较小的问题,并在频繁提问、应答、反馈过程中完成教学活动任务,优秀教师在提问后往往会留给学生一定的思考时间(即等待时间),并在学生应答后又给予及时反馈[2]。因此,研究在对两类课的教师提问类型进行层次性分析的基础上,同时统计了各类型提问后等待时间及学生应答后的反馈行为。

从教师提问及其后的等待时间上看(见图 4-9 和图 4-10),提问类型所占权重

---

① 黄兴丰,庞雅丽,李士锜.数学课堂教师教学行为的继承和发展——3 节录像课的比较研究[J].数学教育学报,2009,18(6):54-57.

② 叶立军.数学教师课堂教学行为比较研究[D].南京师范大学,2012.

与提问后等待时间接近正比的关系。两类课中理解性提问所占的权重最大,留给学生的等待时间最多;联系性提问所占的权重和等待时间次之;拓展性提问和归纳性提问所占权重较为接近,且两类提问主要集中于数学理论的应用活动环节;管理性提问所占的权重最少,其原因主要是在课堂中学生参与度普遍较高,教师无须进行课堂管理。

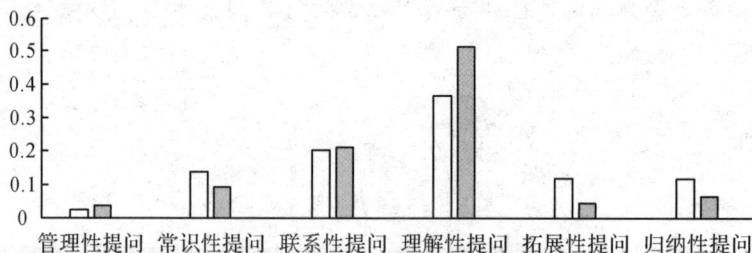

图 4-9　两类拓展性课程教学提问权重分布图

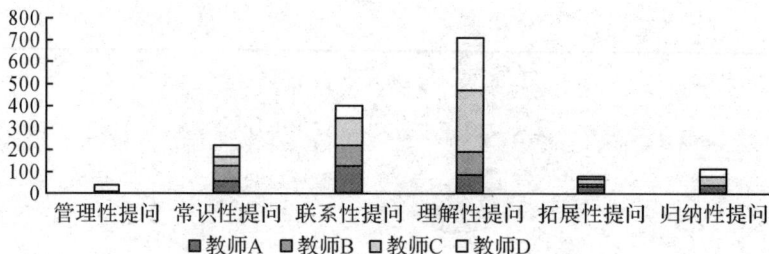

■教师A　■教师B　■教师C　□教师D

图 4-10　不同类型提问等待时间比较

　　从"提问—应答—反馈"过程上看,教师提问后,学生会做出不同的应答,主要是沉默或是较短的发言,事实上,在儒家文化的课堂教学中,学生听讲是一项非常活跃的活动,它是一种以"聆听"为主导的学习模式[1]。为更好地调节拓展性课程的教与学的和谐发展,四位教师都会及时地进行形式多样化的教学反馈且在教学反馈的形式上较为相似。当学生沉默无表达时,教师主要通过追问或是自己回答的方式引导学生思考,较少出现点名让学生回答的情况;当学生有表达时,教师主要进行深入分析,其次是重复应答与重复问题,或是向学生总结对错,在问题较为简单,学生能直接回答的情况下,教师则仅总结对错,但该类反馈在两类课堂中出现的频数较少,教学反馈体现出针对性、交互性及多样性特点。

　　在整个教师提问—学生应答的互动模式中,四位教师皆循循善诱,不仅结合提问特点给予学生一定思考机会与时间,亦善于利用学生应答进行相应的引导、深入分析。

① 梁贯成.儒家文化圈国家之间数学教学的差异[J].数学教学,2014(04):1-4.

三、研究结论与启示

综合上述分析结果,研究得到"生活数学""思想方法"类初中数学拓展性课程课堂教学结论与启示,具体如下。

(一)综合拓展性课程课堂教学特征,提炼出深度学习路径

深度学习是"在教师引领下,学生围绕着具有挑战性的学习主题,全身心积极参与、体验成功、获得发展的有意义的学习过程"[①]。两类拓展性课程课堂教学,是在教师提问、反馈深入引领下,学生围绕问题性和探索性的活动任务,通过全班交流、自主探究、小组合作、反思归纳的活动组织形式,结合师生问答、讲解倾听及做题的互动方式,特别是通过问、等、答、馈,积极参与数学活动三阶段的过程。教学过程不仅强调学生的主体性与参与性、学习的挑战性与体验性,更重视迁移性。因此,对比深度学习的过程性描述,研究中的拓展性课程的课堂教学体现了深度学习的特征。

结合聚类分析及各活动阶段特征,从活动任务、活动过程、活动类型、活动组织形式及互动模式维度,构建"生活数学""思想方法"类初中数学拓展性课程教学深度学习的实践路径,如图 4-11 所示。

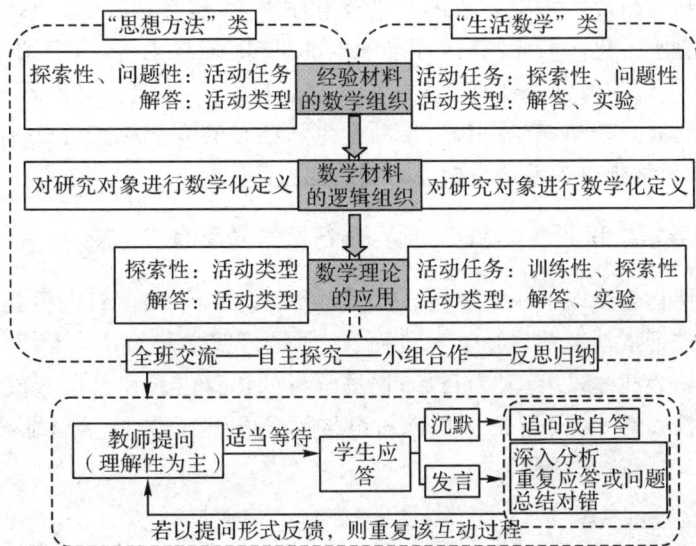

图 4-11　两类拓展性课程课堂教学深度学习路径

---

① 郭华.深度学习及其意义[J].课程・教材・教法,2016,36(11):25-32.

(二)重心在于数学理论的应用,通过逐步数学化引导学生再创造

H. 弗赖登塔尔(H. Fredenthal)强调数学教学的重心应在应用方面,且数学化是主要的数学教学方式[①],研究中名师们展示的两类初中数学拓展性课程课堂教学正体现了这一特点。

两类课皆经历了数学活动的三个阶段,且在数学理论的应用阶段时间权重最高,占 60% 左右,即研究中的数学拓展性课程课堂教学重心在于应用。从整体上看,两类拓展性课程课堂教学中,教师引导学生经历了数学化的过程,但侧重点有所不同。弗赖登塔尔认为数学化是指"人们在观察现实世界时,运用数学方法研究各种具体现象,并加以整理组织的过程",并将数学化区分为水平数学化和垂直数学化,水平数学化是指引导学生从生活世界进入符号世界,即将现实问题转化成数学问题进行研究,垂直数学化则是指对已经符号化的问题进行进一步抽象分析。水平数学化和垂直数学化的区别依赖于特定的情境,即数学与现实生活是否有直接的联系[②③]。"生活数学"类教学中,教师引导学生运用几何分析方法研究具体的 A4 纸,并抽象出标准纸,再通过探究标准纸的性质解释 A4 纸设计的现实意义,这类课题活动的教学过程侧重于生活经验下的水平数学化。而"思想方法"类教学中则是带领学生在 4×4 网格中研究格点三角形,并进行推广,教学中最关键的是如何引导学生从三角形的基本要素出发进行有序思考,这类课题活动则侧重于思维经验下的垂直水平化。与此同时,对比《数学新探索》教学内容,考虑到上课学生的数学现实,两类课的教师并没有完全按照教材进行教学,而是只针对教材起始的两三个探究问题展开教学,教师引导、帮助学生从已有的数学现实出发,结合教学材料特点,逐步数学化以帮助学生构建再创造能力。

(三)引导学生积累数学思维经验,践行数学学科育人的要求

拓展性课程建设以培养学生核心素养为导向,着眼于转变育人模式,推进素质教育。如何进行素质教育[④]对于学科而言,便是落实学科育人。何为学科育人?即以学科知识为载体,以育人为目标,挖掘学科的德育内涵和人格养成价值,培养学生的学科核心素养[⑤]。而数学学科知识与数学思想方法、数学思维经验又是数

① 张国祥. 数学化与数学现实思想[J]. 数学教育学报,2005(1):35-37.
② 白改平. 水平与垂直数学化思想蕴涵的数学教学观及其实施步骤[J]. 数学教育学报,2009,18(2):25-27.
③ 弗赖登塔尔. 数学教育再探——在中国的讲学[M]. 刘意竹,等,译. 上海:上海教育出版社,1999:57-58.
④ 浙江省教育厅. 关于建设义务教育拓展性课程的指导意见[EB/OL]. http://www. zjedu. gov. cnnews144254482730557300. html. 2015. 2015-12-1.
⑤ 冯建军. 夯实学科育人的根基[N]. 中国教育报,2019-5-22(009).

学核心素养最重要的源泉与基础,引领学生深度学习的数学活动是培育学生核心素养的主要路径[①②]。

一方面,研究分析的两类初中数学拓展性课程课堂教学皆以数学学科知识为载体,在"生活数学"类课堂教学中,用数学的研究方法深度分析现实材料,挖掘其德育内涵和人格养成价值;在"思想方法"类课堂教学中,则以数学对象为载体,引导学生有序思考,积累数学思维经验。另一方面,研究中的课堂教学皆引导学生经历数学活动的三阶段,活动具有学科性、自主性、实践性、思维性与教育性等特点,可从活动的任务、类型、互动等多维度促进学生深度学习。因此,四位名师展示的初中数学拓展性课程课堂教学不仅引导学生积累了数学思维经验,使数学核心素养培养落地,更践行了数学学科育人的要求。

四、小结

专家型教师在两类初中数学拓展性课程课堂教学中带领学生经历数学活动的三个阶段,并做到研究有魂、探索有方、收放有度,通过逐步数学化引导学生积累数学思维经验,用数学的方式践行育人的要求。两类初中数学拓展性课程课堂教学特征明晰,研究结合各分析维度,构筑了其引导学生深度学习的路径,以期为一线教师开展初中数学拓展性课程教学提供一定的启发。当然,初中数学拓展性课程课题活动具有多样化的特点,本书只聚焦于其中两类常见课题活动进行研究,其他课题活动的教学特征有待今后继续深入研究。

① 余文森.论学科核心素养形成的机制[J].课程·教材·教法,2018,38(1):4-11.
② 崔友兴.基于核心素养培育的深度学习[J].课程·教材·教法,2019,39(2):66-74.

第五章　数学拓展性课程开发与实施的案例研究

第一节　初中数学拓展性课程实施策略

数学拓展性课程的开发与实施有效地调动了学生学习数学的积极性,刘丁教师自身专业素质的发展有促进作用。在开展数学拓展性课程的过程中,教师专业探究能力增强,教育教学行为改变,并形成终身学习的理念;同时,学生的学习兴趣提高,数学素养得以培养,数学能力得以发展。但在数学拓展性课程实施的过程中,仍有许多值得进一步改进的地方。

一、构筑 PET 共同体,引领拓展性课程的开发与实施

以共同成长为目标,团队联合 50 多所中学建立教授、一线名师、师范生的发展共同体(PET 共同体),PET 团队合作引领初中数学拓展性课程的开发与实施。

(一)加强高校与基础教育合作研究,实现理论与实践教学的双向嵌入

拓展性课程倡导学生之间的相互合作,教师间的合作也必不可少。不同学科间的教师应加强合作,找到不同学科之间的联系,构建"专题式"的拓展性课程,教育部门或学校应组织教师进行跨学科教学,邀请专家学者给予相应的指导建议。PET 共同体使高校与基础教育无缝对接,实现了拓展性课程开发与实施过程中理论与实践教学经验的双向嵌入。

事实上,部分教师认为"专业理论与实践指导缺乏"是数学拓展性课程实施中存在的最大困难。一线教师受限于自身的能力,对拓展内容的理解和把握不够深入,因此,课程开发过程模式理论提出教师和研究专家建立合作共同体。建议专家学者走进课堂、走近教师,帮助和引导教师分析课程资源,结合学生实际选择适合学生学情和教学进度的拓展课资料,教师自主设计、专家磨课指导,在教学实践中

增强教师对课程的整体把握能力,并通过观摩积累优秀课堂案例,增强教师实施数学拓展课的信心,提高教师的教学水平;同时,专家学者在与一线教师的合作中开发和收集拓展性课程案例,并将案例进行推广,为广大教师提供可学习和参考的案例,充实数学拓展性课程的资料库。

(二)强化师资培育,提升拓展性课程开发与实施的有效性

教师培训是课程改革中的重要环节,数学教师虽然认识到数学拓展性课程的价值,但在实施过程中"有心无力"。

为有效提高数学拓展性课程的实施效果,首先要转变教师的观念,一线教师也是课程的开发者,需要教师结合学情进行灵活的设计。教师往往认为课程的开发仅仅是专家学者的职责,脱离了相应的课程标准和参考教材就无法下手。要让教师认识到数学拓展性课程的实施主体是教师本身,课程的开发与实施也是教师的专业能力。其次,教育行政部门应投入经费,为教师提供学习培训的机会,并积极发挥专家学者的引领作用,加大对初中数学教师课程开发能力的培训力度,扩大培训范围,提高培训效率,重点加强对教师课程开发与实践能力的培养,引导教师在反思尝试中,实现数学拓展性课程开发与实践能力的提高,帮助提升教师的综合能力。最后,积极开展数学拓展性课程观摩课活动,帮助教师从自己熟悉的一线教学中吸取拓展性课程开发与实施的经验。

二、构建多样化的拓展性课程体系及教学模式,激发教师的创新性

(一)设计多样化的数学拓展性课程类型

研究者通过调查初中生对数学拓展性课程的教学反馈发现,对于数学拓展性课程的学习,学生希望改变教师讲练结合的形式,丰富拓展性课程类型。例如:开设数学游戏与故事、数学建模、数学实验等模块,以供学生选择。因此,建议教师结合相应的数学素养和培养要求,实施以学生为主体的内容多样化的数学拓展性课程。

同时关注多样化的场地选择,对于拓展性课程的学习,学生希望可以走出课堂参加课外实践活动,改变传统在教室上课的模式,有条件的教师可以带领学生进行实地问题调查、统计数据分析,将数学建模思想结合到实际活动中去,引导学生应用数学于生活,体现数学的应用价值,这对于学生创造性思维的培养大有裨益。

(二)促进教学内容和方式的转变

数学拓展性课程不单单与数学相关,也涉及其他课程内容,涉及多种领域,依靠教师一个人的力量难以灵活实施,数学教师可进行学科间合作和跨学科合作,将数学领域的内容和其他领域相结合,激发教师的创新性,建构内容不同的"主题"模式的数学拓展课,满足不同学生的需求。

拓展性课程的实施强调"探究、合作、自主",选择的课程教学方式要能够提高学生发现问题、提出问题、分析问题和解决问题的能力。因此在教学方式上,须从讲授转变为学生所期待的合作学习,将课堂的主动权交还给学生,在此过程中,教师可以是课程的引导者,在学生遇到困难无法解决时提供指导和帮助,也可以作为课程的参与者,在民主、平等的氛围中与学生共同探索,构建"学为中心"的数学拓展性课程课堂教学模式。

三、完善课程评价体系,多元化开展数学拓展性课程评价

数学拓展性课程的开设目的是满足学生个性化、差异性发展的需要,学生也是数学拓展性课程最直接的体验者,因此数学拓展性课程的评价要特别关注对于学生的评价。单一的教师评价学生方式过于片面,建议教师建立明确的评价等级和相关要求,采用学生自评、同学互评、教师总评这样的评价方式对学生的课堂表现进行评价,从而使学生能够更加全面、深入地认识到自己在日常数学拓展课上的课堂行为表现和学习状况,实现评价主体的多元化。

单纯地以课后作业质量和考试成绩来评判学生的课程成绩显然不符合拓展课的理念,而完全颠覆传统的评价方式也是不明智的。因此应在传统评价方式的基础上进行优化整合,采用多元综合性的评价方式,教师应将评价重心从终结性的评价方式转变到发展性的评价方式,更加关注学生的学习过程,可以根据学生在课堂上的参与情况、学习表现等方面对学生进行发展性评价,使学生能够通过评价反馈认识到自己的优缺点,从而改善自己的学习状况,实现评价过程的动态化。

改变以学生考试成绩和课后作业为主的评价内容,教师可以根据数学拓展课的主题,收集一些学生在参与课程过程中的相关素材,比如:常规的到课率、课堂参与积极度、社会实践报告、统计方案研究、小论文、个人活动成果等,并将这些素材纳入学生拓展性课程档案袋。浙江省杭州市余杭区的塘栖第三小学按照年级对评价目标进行分层分类,根据学习要素、学习习惯、知识理解、学习能力四要素及其观察点进行参与度星级评价,并将其和目标分层评价、成长档案袋评价组合,形成评价组合模式,将量性评价和质性评价相结合,从而实现评价内容的多元化。

第二节　初中数学拓展性课程开发与实施案例
——思维的翅膀：基于思维导图的学法指导①

一、课程实施背景

2015 年浙江省教育厅发布的《关于建设义务教育拓展性课程的指导意见》中指出：拓展性课程要着力于优化学校课程结构，提高学生的学习兴趣和综合素质，转变育人模式，推进素质教育，促进学生全面而有个性的发展。知识类拓展性课程是基础性课程的延伸、应用和整合。拓展性课程要改进教学方法，推进体现学科本质、促进学生自主学习的教学改革，引导和鼓励学生进行独立思考、主动探究与合作交流，运用所学知识分析和解决生活实际问题。

初中数学的知识点较多，教学任务较重，教师忙于传授知识、讲解习题，对解决问题的方法指导相对较少。学生在数学学习过程中出现了以下困难：一是对某些概念的本质认识不深入，对很多知识之间的层级关系认识不清甚至混淆；二是解题时，理解题意困难，找不到有效条件或找不到解题的突破口，出现解题障碍；三是不能应用数学知识解决实际问题。

基于以上原因，浙江省嘉兴市海盐县元通中学（下称"元通中学"）积极开发以学法指导为主的"可视化思维"拓展性课程，探索利用思维导图优化学生思维方式、指导学生学习方法。

二、课程结构

元通中学数学组开设了子课程"思维的翅膀"。学校的总课程与数学组的子课程的主要内容结构如图 5-1 所示。

本课程是学校"可视化思维"拓展性课程的一个分支，是针对学生在数学学习中出现的问题而设立的一门数学知识类拓展性课程。在课程的开展过程中，借用思维导图梳理零散的数学知识，形成容易记忆的知识结构；运用思维导图分析题意，形成解题思路；活用思维导图呈现清晰的数学统计调查活动过程。同时，力图借用现代先进的信息技术提高学生的学习兴趣，改进学生的数学学习方法，转变学

---

① 本节由嘉兴市海盐县元通中学郁卫军供稿。

生的学习方式,提高学生的数学思维能力,让学生学会学习。

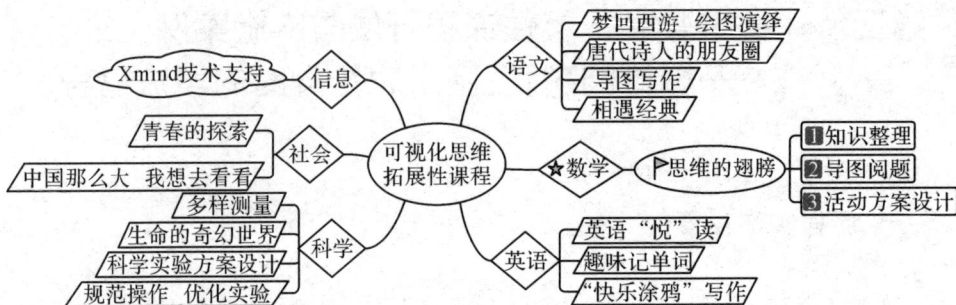

图 5-1　可视化思维拓展课程结构图

三、课程内谷

本课程是借用思维导图指导学生学习方法的一门拓展性课程,充分考虑七年级数学教材的特点和学生的认知规律、心理特征和已有的经验。学生通过展示数学活动的整个思维过程来完成数学学习任务,形成解决数学问题的方法。最后能够总结解题的经验和教训,形成解题策略。通过多种活动形式激发学生的学习兴趣,引发数学思考,培养学生的思维能力、反思能力,提升学生学习能力。

按以上思路,本课程分为三个部分六章,共 22 课时,通过先进的技术手段支持,教师引导,学生的自主探究、合作交流来展开相应的教学活动,指导学生的数学学习活动。

具体设计思路如图 5-2 所示。

四、课程目标

(一)总体目标

1.通过独立思考、自主探究、合作交流、实践活动设计等学习方式,学生能用思维导图梳理数学知识,分析数学解题思路,设计数学活动的方法。

2.习得一种简单易学的自主学习的方式,学生能够运用思维导图整理知识,建构各层级之间的关系。

3.掌握分析、整理数学信息的方法,学生形成清晰的解题思路,提高思维能力,习得学习方法。

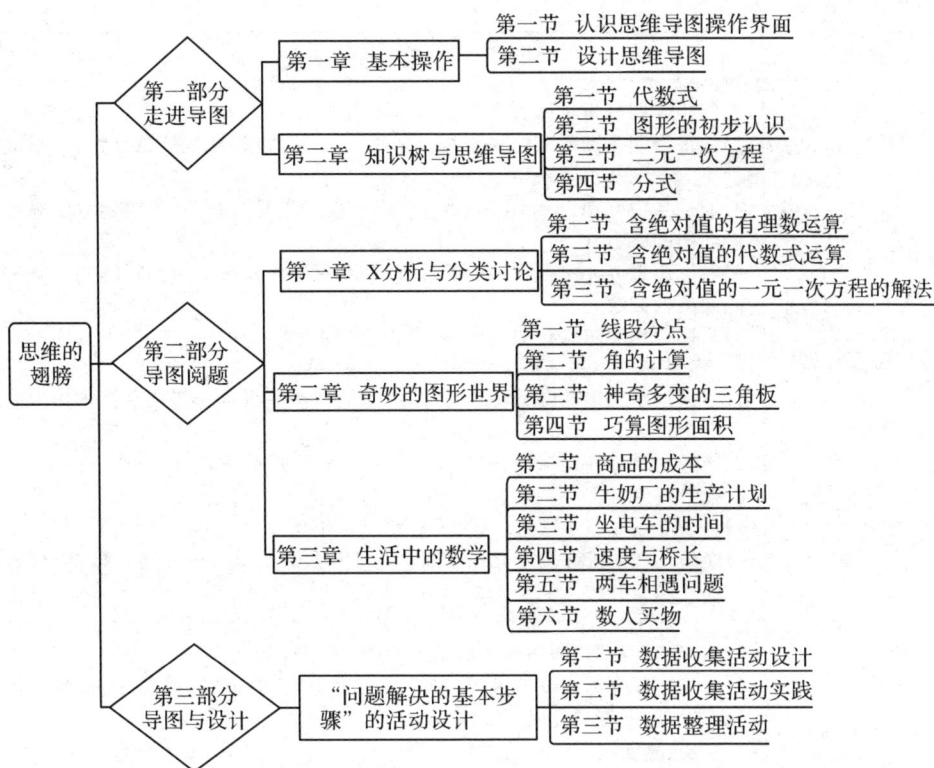

图 5-2 "思维的翅膀"设计思路

4. 在实践操作中,学生经历应用数学知识和数学方法收集整理数据的过程,提高数学学习兴趣。

(二)章节目标

在上述总目标的指导下,各部分章节目标设置如表 5-1 所示。

表 5-1　章节目标

主　题	教学目标
基本操作	(1)了解 Xmind 软件的基本操作方法 (2)会用软件制作简单的思维导图 (3)能够用软件对思维导图作品进行美化 (4)能对导图中相关的内容做链接、标注、建立概要等处理 (5)能在导图中插入具体的数学符号和图形

主　题	教学目标
知识树与思维导图	(1)能用导图分析具体数学概念的内涵和外延 (2)通过绘制重点章节的知识框架,进一步掌握相关章节的重点知识,形成更完备的知识体系 (3)通过自主整理、小组合作、教师引导等多种途径,培养学生绘制数学思维导图的能力 (4)经历用思维导图整理知识的过程,初步感受用思维导图分析问题和解决问题的方法 (5)掌握运用导图构建知识体系、内化为知识网络的方法
导图阅题	(1)掌握运用思维导图分析题意的方法,能把文字语言和图形语言转化为数学语言 (2)能应用思维导图梳理各条件之间的关系,完成数学建模,形成解题思路,指导解题过程 (3)运用导图完善推理过程,规范解题基本步骤 (4)经历运用思维导图解题的过程,掌握用思维导图分析解题过程,进行解题反思的方法
活动设计	(1)初步感受按照"问题解决的基本步骤"做设计的过程 (2)体会数据收集的设计过程:确定调查对象、调查内容、调查方法,落实收集过程,交流与反思 (3)经历、感受实际收集数据的过程 (4)理解"问题解决的基本步骤",能把生活中的一些数据通过思维导图的指导进行分析、整理

五、各章课程内容及实施建议

(一)第一部分:走进导图

1.第一章:基本操作

基本操作课程安排如表 5-2 所示。

表 5-2 基本操作课程安排

授课时间	七(上)2 课时
内容摘要	(1)认识 Xmind 操作界面 (2)能用软件制作简单的思维导图 (3)能够对思维导图中各数量关系进行合理的链接和说明 (4)能对思维导图进行美化处理 (5)能借助其他软件在思维导图中插入数学元素
教学建议	教师示范与学生模拟操作同步进行,学生按步骤模仿例题的操作方法。安排学生自主设计思维导图的时间,提高学生的学习兴趣

2.第二章:知识树与思维导图

表 5-3 知识树与思维导图课程安排

授课时间	七(上)2 课时 七(下)2 课时
内容摘要	(1)分析具体概念的内涵和外延 (2)整理知识之间的关系,架构知识思维导图 (3)规范数学书写步骤和数学思维方式 (4)动手制作思维导图,美化、完善思维导图 (5)由图及题,应用思维导图解决简单的数学问题 (6)授课知识内容:代数式、图形的初步认识、二元一次方程组、分式
教学建议	教学时,不仅关注知识整理,更关注方法指导。给学生时间内化分析、整理知识的方法。教学中,也可以用其他的教学内容作为讲解方法的载体

(二)第二部分:导图阅题

1.第一章:X分析与分类讨论

表 5-4 X分析与分类讨论课程安排

授课时间	七(上)3 课时
内容摘要	(1)教学生用思维导图解决代数类分类讨论问题的方法 (2)体验去绝对值时所用到的分类讨论思想 (3)经历用思维导图分析分类讨论思想的过程 (4)引导学生通过三步法分析解题过程,规范学生的思维方式 (5)课的内容类型:含绝对值的有理数、代数式、一元一次方程的分类讨论问题 (6)绘制分析过程的思维导图
教学建议	重点为以有理数、代数式、方程为媒介,掌握利用思维导图分析分类讨论问题的方法,并进行相应的练习、归纳和总结

2.第二章:奇妙的图形世界

表 5-5　奇妙的图形世界课程安排

授课时间	七(上)2 课时　七(下)2 课时
内容摘要	(1)教学生用思维导图解几何类问题的方法 (2)借助思维导图寻找已知文字条件和图形条件 (3)用思维导图分析各条件之间的关系、协助指导解题过程、反思解题收获 (4)经历用思维导图分析几何类问题的分类讨论过程,掌握讨论方法 (5)题的内容类型:线段分点问题、角度计算问题、面积问题、与三角板有关的平行类问题
教学建议	(1)利用教具组织学生活动,让学生在活动中理解讨论的方法、分类的依据 (2)重点:如何运用导图分析已知条件,整理条件之间的关系

3.第三章:生活中的数学

表 5-6　生活中的数学课程安排

授课时间	七(上)2 课时　七(下)4 课时
内容摘要	(1)经历从文字语言到数学语言的转换过程,体会建模思想 (2)用思维导图整理信息、找等量关系,并将关系符号化为三步骤解题 (3)教学生用思维导图解应用题的方法 (4)应用题类型:行程问题、利润问题、生产方案类问题
教学建议	重点:运用导图将实际问题数学化、符号化,转化为数学条件,整理出条件之间的关系并找到解决问题的方法

(三)第三部分:导图与设计活动方案设计

表 5-7　导图与设计活动方案设计

章节名称	"基于问题解决步骤"影响下的设计活动
授课时间	七(下)3 课时
内容摘要	(1)通过理解问题、制订计划、执行计划、回顾这四个步骤进行活动设计 (2)经历理论上数据收集的活动设计、实际收集活动和对数据的整理三个过程,指导学生数据收集、处理方法,体会数学的应用价值 (3)经历数据收集活动的策划过程,体会思维导图逻辑清晰、层次分明的特点,深入理解思维导图对活动方案设计、实施、整理的重要性。尝试思维导图在活动设计中的运用 (4)处理问题类型:心跳问题、垃圾分类问题、生产方案类问题
教学建议	学生自主探讨交流、解决问题,经历用思维导图呈现活动方案的过程

六、课程评价

(一)评价原则

拓展性课程的评价不同于基础性课程,不应该用量化的考试成绩来评价学生的学习情况。它需要学生学习课程的结果性评价,更需要反映学生发展状况的过程性评价,还需要关注学生的学习方式。本课程尽量做到评价目标的多元化、评价内容的全面化、评价方法的多样化。把学生学习过程中的情况纳入评价的范围,如学生的学习态度,学生解决问题过程、推理过程、探究过程、合作过程、反思收获过程中的表现及技术水平等。通过这些具体的评价给予学生正确的学习导向,发挥评价的激励作用;同时,评价时注重尊重学生的个性差异,培养学生的自信心,激励学生积极主动地参与学习活动,发挥学生的潜能,提高学生研究和解决问题的能力,督促学生养成勤于思考的好习惯。

(二)评价建议

评价对学生的学习生活能起到导向作用,我们要用好评价的杠杆。

1.客观性评价

采用多方评价的方式,避免个人的感情色彩影响评价结果,营造公平合理的评价环境。要注意各方评价的比重,如为了更加公平,自评分比例不能过高;小组评价时要考虑整组学生成绩分布情况,也秉着鼓励的原则,教师对小组评分做适当的说明;教师及时公布评价表格,对优秀和有进步的同学要及时进行表扬。

2.关注学生学习方式

评价要鼓励学生进行有效的思维活动,如评价学生的独到见解,评价学生分享、交流思想的行为,评价学生乐于为人解惑的精神,培养学生的自主探究精神和团队合作意识。评价要激励学生独立思考,促进学生间交流想法,让学生在体验成功中,感受到分享的乐趣,培养学生的能力。

3.控制加分项

为培养学生严谨、精益求精的精神,设置加分项,对于表现比较突出的学生给予奖励。如可以评选每节课的优秀之星、创意之星等,被选中的同学可以在总评分中加 0.5 分;也可以对优秀作品给予加分,如在班级展示的每幅作品加 0.5 分,在学校展示的每幅作品加 1 分,获奖作品也可以适当加分。对学生的学习成果给予鼓励,培养学生的竞争意识。

4.多维度评价

评价注意多维度,尊重学生的差异性,比如可以适当地设置加分项,如进步奖、认真倾听奖等,避免评价的分值差距过大,鼓励部分学生的学习行为,提高学生的学习兴趣。

"思维的翅膀"过程性评价如表5-8所示。

表5-8 "思维的翅膀"过程性评价表

课程名称		上课时间			
班级		姓名			
评价维度	评价内容	自评	互评	师评	总评
学习态度 (15分)	按时到课;遵守课堂纪律;态度端正,兴趣浓厚;独立思考,积极回答问题;认真倾听				
探究能力 (15分)	敢于发现问题、提出问题;思考深入,方案缜密;思路开阔,启迪同伴思考;语言表达准确				
合作能力 (15分)	任务完成度较高;协作能力较强;积极参与讨论与探究;指导组内同学;倾听同学的观点与意见;尊重同伴,公正评价他人				
综合表现 (15分)	知识与方法掌握度好;课堂活跃度高;沟通能力强;创新能力强(解题思路或导图制作)				
最后得分					

表5-8使用说明:学生自评、小组互评和教师评价的比重为2:3:5。根据这三项的得分计算总评成绩。

"思维的翅膀"结果性评价如表5-9所示。

表5-9 "思维的翅膀"结果性评价表(思维导图作业评价)

作品课程名称					
班级		姓名			
评价维度	评价内容	自评	互评	师评	总评
学习态度 (10分)	作品上交及时				

作品课程名称					
班级			姓名		
评价维度	评价内容	自评	互评	师评	总评
思维过程 （10分）	思考过程逻辑清晰,思路正确,无明显错误				
处理方法 （10分）	知识导图层级关系清晰;解题导图解法简洁;活动设计导图活动步骤清晰,各方面问题思考缜密				
审美与技巧 （10分）	导图制作美观、有创意				
最后得分					

　　表 5-9 使用说明:学生自评、小组互评和教师评价的比重为 2∶3∶5。根据这三项的得分计算总评成绩。

　　"思维的翅膀"总评如表 5-10 所示。

表 5-10　"思维的翅膀"总评表

编　号	班　级	姓　名	过程性评价	结果性评价	加分项	总　分
1						
2						
3						
4						
5						
...						

第三节　初中数学拓展性课程开发与实施案例
——基于数学素养发展的初中拓展性课程开发①

一、课程开发背景

基础性课程是拓展性课程的"活水源"。从培养学生的数学素养出发,杭州富阳永兴中学初中数学课题组梳理、拓展、补充初中数学基础性课程教材(浙教版)中的"阅读材料""探究活动""设计题""课题学习""生活素材"等内容,构建了"数学史拾趣""数学实验""数学思想与方法""生活中的数学"四门拓展性课程的核心内容,如表 5-11 所示。

表 5-11　拓展性课程内容来源表

拓展性课程名称	基础性课程来源	基础性课程内容	拓展性课程内容
数学史拾趣	七年级上册第 11 页"阅读材料"	中国古代在数的发展方面的贡献	中国古代计数法与计算工具——算筹
	……	……	……
数学实验	七年级上册第 53 页"探究活动"	假设连续对折始终可能,猜想纸对折几次超过身高	指数爆炸
	……	……	……
数学思想与方法	七年级下册第 25 页设计题	如何建桥使路程最短	将军饮马问题
	……	……	……
生活中的数学	七年级上册第 65 页作业题 15	计算小江家的住房面积	住房平面图与面积
	……	……	……

① 本节内容由富阳永兴中学邵文鸿老师提供。

二、课程结构

基于以上内容线索,数学组围绕"基础性课程""拓展性课程"与"数学素养"之间的关系搭建了一个逻辑框架,如图 5-3 所示。

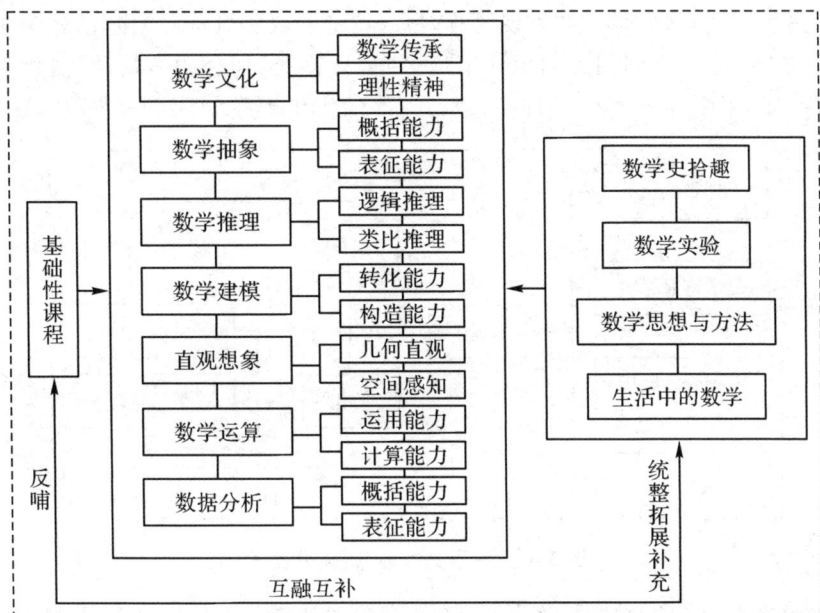

图 5-3　课程与数学素养之间逻辑框架图

从图 5-3 中可以发现,拓展性课程从基础性课程中"独立"出来,"发展壮大"后能更有力地促进学生数学素养的发展。这两类课程在本质上是互融互补的。

如何让开发的拓展性课程转化为学生的数学素养,课题组认为应在"学生探究体验、动脑动手的理念下"围绕每门课程的特性构建与之相适应的实施模型与方式,具体可从以下四个方面展开。

三、课程实施

(一)"史料加工"塑造文化品格:阅读·演绎·转化

"数学史拾趣"课程是一门融数学史上重要事件、人物与成果于一体的"文化性"课程。学生通过该课程的学习获得数学知识、数学方法以及数学精神等重要素养。

1. 实施模型

根据数学史科学性与人文性的特点,课程实施的核心是阅读、演绎和转化。阅读,即让学生自主阅读数学史料,了解某一重要历史事件所渗透的数学知识及其发生发展的历程,感悟数学家为真理孜孜以求的高贵品质以及严谨求实的科学精神等;演绎,即让学生对某一数学知识的发展历程进行模拟式的再现,体验数学知识的产生过程,经历"数学家"的发现轨迹,习得特定的数学方法;转化,即让学生将所学到的知识自觉应用到相关的生活情境之中,将感受到的"数学精神"内化为自身的学习品质,不断追求成功、创造卓越。具体的实施模型如图 5-4 所示,这一模型

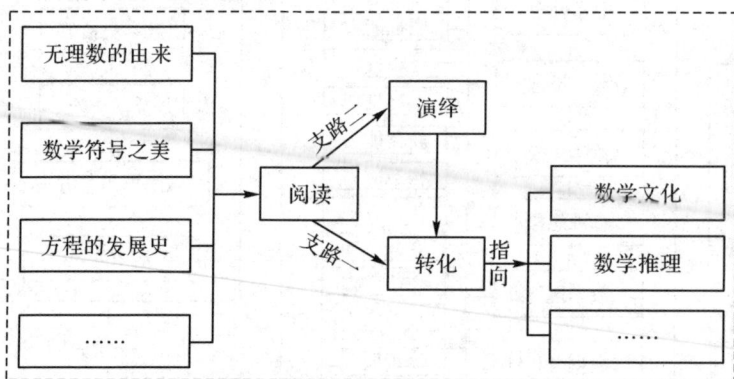

图 5-4 "数学史拾趣"实施模型图

指向学生"数学文化""数学推理"等素养的发展。从图 5-4 中可以发现,从"数学史实"到"数学素养"的形成要经历学生的"自主阅读""自觉演绎"以及"自为转化"。值得一提的是,有些"介绍性"的数学史料经过学生阅读后可以"无形"地内化为学生的学习素养,但有些"过程性"的数学史料经过学生阅读后还需辅以"探究性"的理解和"迁移式"的应用才能真正转化为学生的数学素养。

2. 实施方式

基于以上实施模型的内涵,如何在具体的课程内容上开展教学呢?课题组认为要把握好四个环节:一是"引入故事",即学生讲述或阅读某一数学历史故事;二是"理解概念",即师生共同抽取"故事"中的核心概念并加以吸收;三是"再现原理",即学生用工具或"模型"解读"故事"所阐述的数学原理;四是"迁移应用",即学生能把"原理"与生活中的实例予以关联并能合理应用。现以"哥尼斯堡七桥问题"为例予以阐释。首先,学生图文并茂地讲述 18 世纪哥尼斯堡七桥问题的故事,抛出问题——一个游人怎样才能不重复地一次走遍七座桥,最后又回到出发点? 其次,师生共同讨论,将哥尼斯堡七桥的情景转化为一个图形——把生活问题抽象成数学问题。再次,学生用"画图"的形式结合七桥问题呈现与解释欧拉定理。最后,

教师抛出物流业中"如何节省成本"的问题,让学生利用欧拉定理科学设计物流路线,不走或尽量少走回头路。

(二)"实验行动"织造思维过程:操作·生成·验证

"数学实验"课程是一门融数学问题的过程与结果、操作与思维、实验与论证于一体的"动态性"课程。学生通过手脑并用"做"数学的过程获得丰富的数学经历和体验,形成直观的数学理解等。

1. 实施模型

数学实验是学生运用有关工具(如纸张、木棒、剪刀、模型、测量工具、作图工具、Mathematica、LINGO 和几何画板等),在数学思维活动的参与下进行的以实际操作为特征的数学验证或探究活动。课程实施的核心是合理选择工具、操作探究、生成结论或验证真伪。合理选择工具,即让学生根据数学问题的类型选择合适的探索工具;操作探究,即学生在教师的指导下动手操作,用"形"的方式还原或探索某一命题的发生发展过程;生成结论,即学生通过动手实践获得直观感知和形象思维,再通过感性与理性的结合抽象出数学原理与方法,从而获得数学结论;验证真伪,即学生通过操作实物模型或技术工具,对结论或命题进行证实或证伪。具体的实施模型如图 5-5 所示,这一模型指向学生"数学抽象""数学运算"等素养的发展。

从图 5-5 可以发现,"操作探究"是数学实验中最重要的环节。它需要学生动手动脑、观察分析、思考判断。在一系列的思维过程与操作体验中,学生获得探索、推理、理解、概括抽象等数学能力和素养。

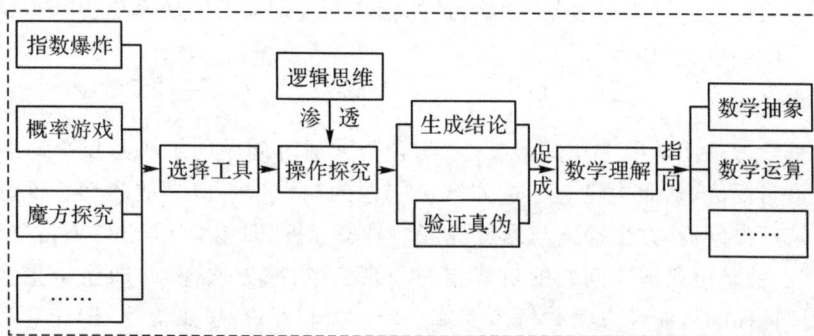

图 5-5 "数学实验"实施模型图

2. 实施方式

基于以上实施模型的内涵,如何在具体的课程内容上开展教学呢?课题组认为要把握好四个环节:一是理解命题,即学生要充分理解某一命题所表达的要求或意义;二是探索方案,即学生要将命题的内容进行"可视化"的探索,这里的探索包含着"尝试、改正与改进"的过程;三是实验分析,即学生在实践探索后要进行计算、推理和验证;四是归纳(判断)结论,即学生在实验分析的基础上生成命题的原理性知识或判断出命题的真与假。现以"正方形纸片剪拼"为例予以阐释。首先,学生观察并思考:一张 8×8 的正方形纸片[见图5-6(a)],把它剪成四块,按图5-6(b)重新拼合,这四块纸片能拼成一个长是13、宽为5的长方形吗? 其次,学生进行实践操作,做一张如图5-6(a)所示的正方形纸片,并按图示的虚线分割,再按图5-6(b)重新拼合,发现四块图形拼合时,中间出现"缝隙",两个大直角三角形的斜边并不重合。再次,学生分析不能拼合的原因:图5-6(a)的面积是64,图5-6(b)的面积是65。最后,学生做出判断:"缝隙"是一个面积为1的细小的平行四边形,眼睛难以观察到;"数学不能简单相信观察,可以用实验来证伪或证实"。

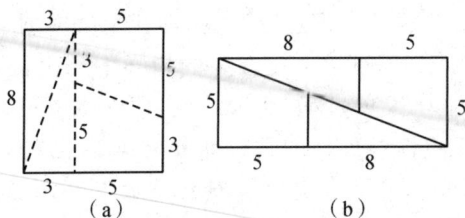

图 5-6 8×8 正方形纸片

(三)"项目学习"锻造思想方法:具象·探索·提炼

"数学思想与方法"是一门用蕴含着数学思想与方法的经典问题让学生进行项目式学习的课程。学生通过某一"项目"的学习深度理解特定数学思想和方法的内涵及其可能的应用"环境"。

1. 实施模型

项目学习是让学生主动探索某一"问题",并通过问题的解决与反思对"成果"进行展示与评价,从而构建起一系列解决问题的"思想与方法"的活动。课程实施的核心是具象分析、方法探索与思想提炼。具象分析,即让学生分析"项目"的目标与条件,也就是所要解决问题的目标指向与现实条件;方法探索,即让学生探索达成"项目"目标的可能性方案并付诸实施予以检验和评价;思想提炼,即让学生集中大家的智慧,对所有可行的方案进行归纳总结、抽象概括,从而形成特定的数学思想与方法。具体的操作模型如图5-7所示,这一模型指向学生"直观想象""数学建模"等素养的发展。

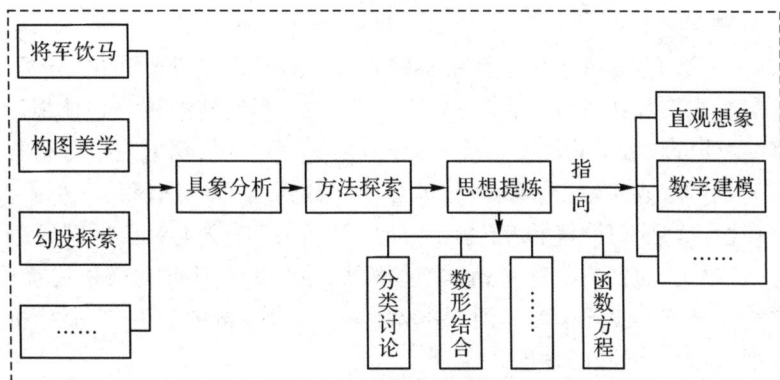

图 5-7　"数学思想与方法"实施模型图

从图 5-7 中可以发现，"数学思想与方法"既是解决问题的工具又是项目学习的结果。其实，学生"数学思想与方法"的形成要经历从"无意识"的尝试到"有意识"的抽象两个阶段。一旦学生掌握了"思想与方法"，形成了相关的数学素养，他们就会进入"合理"运用的阶段。

2.实施方式

基于以上实施模型的内涵，如何在具体的课程内容上开展教学呢？课题组认为要把握好四个环节：一是分析问题，即学生全面把握问题特征；二是制定策略，即学生运用所学知识探求解决问题的思路以及可能用到的"工具"；三是实施评价，即学生用所设计的策略尝试解决问题并评估"过程"效率与"结果"质量；四是挖掘提升，即学生对解决问题过程中的关键"要素"进行挖掘，将其提炼为一种数学思想或程序方法。现以"勾股定理探究"为例予以阐释。首先，教师让学生思考：勾股定理反映的是直角三角形三边的关系，现有的证法对你有什么启示？其次，学生根据课堂提供的思路，通过检索文献、利用几何画板工具等途径进行探究，探索出多种不同的证明方法，比如无字证法等。再次，教师让学生反思：这种方法利用了什么数学知识以及简便性如何等。最后，师生综合所有的探究结果，归纳"各种证法"背后的数学思想与方法，比如数形结合的思想、转化的思想以及"等积法""相似法"等。

(四)"生活实践"打造应用理性：分析·解释·解决

"生活中的数学"课程是一门利用数学知识解释生活现象或运用数学技能、方法与思想解决现实生活问题的课程。学生通过该课程的学习增强"用"数学的意识和能力。

1.实施模型

"生活中的数学"是学生把生活中某些复杂的数学现象进行转化、分析或解释，合理设计解决方案并达成特定目标的学习活动。课程实施的核心是情境转化、(合理解释)问题分析和数学建模。情境转化，即让学生对生活现象进行分析并将其转化为具体的"事件"或问题；合理解释，即让学生用数学知识解释某一事实，陈述其存在的合理性，这是一种"解释型"解决；问题分析，即让学生对数学问题进行条件与目标之间"差距"的判断与思考；数学建模，即让学生设计问题解决的操作思路、步骤与方法。具体的实施模型如图 5-8 所示，这一模型指向学生"数据分析""数学建模""数学运算"等素养的发展。

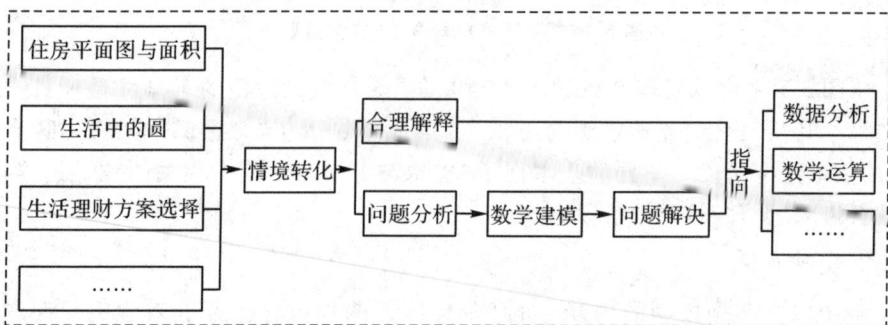

图 5-8 "生活中的数学"实施模型图

从图 5-8 中可以发现，"生活中的数学"课程主要培养学生用数学解释生活和解决生活问题的能力，遵循从"从生活中来到生活中去"的理念，亦即从生活事例中挖掘、提炼具有丰富内涵的数学问题，让学生从问题的解释与解决中习得数学素养后又回归到现实生活的应用之中，真正做到"学数学用数学"。

2.实施方式

基于以上实施模型的内涵，如何在具体的课程内容上开展教学呢？课题组认为要把握好四个环节：一是获取信息，即学生从生活"事件"中获取关键信息；二是抽取问题，即学生将获得的重要信息转化为数学问题；三是分析建模，即学生利用原有认知分析问题的实质，建立解决问题的策略与方法；四是尝试解决，即学生用数学知识、方法解决问题。现以"平面图形的密铺"为例予以阐释。首先，学生感知生活中一些神奇的图案，并获取图案构造的相似性信息，如图案中的几何图形不仅形状相同，大小也一样，这些几何图形之间既没有缝隙也没有重叠等。其次，师生将以上"信息"转化成"四边形拼接时，拼接处有几个角，与四边形内角有什么关系"等问题。再次，学生根据一系列问题寻找多边形密铺的条件与"原理"，如"正多边形在一个镶嵌顶点处的各内角之和为 360°""任意形状的三角形和任意形状的四边形都可以密铺"等。最后,学生根据所得到的结论与建立的"模型",进行不同条件的密铺尝试活动,设计出有创意的精美图案。

四、拓展性课程选课模式

除了在课程资源上强化数学拓展性课程的实施基础,该校从学校制度上保证拓展性课程的实施,在每周的课表中安排有 4 个课时的拓展性课程(见表 5-12),学校在网络公众平台上推出拓展性课程选课系统,以供学生各取所需,选择自己感兴趣的拓展性课程。平台数据显示,"数学拓展性课程"甚至出现过抢课现象,受到学生们的喜爱。

表 5-12　课表安排

类别			模块	模块一（基于特定教材的底蕴塑造模块）	模块二（文本引领性的素养提升模块）	模块三（活动引领性的素养提升模块）	培养目标	
周课表	基础性课程	语文	5课时	共31课时		名著阅读		传统美德、现代人格、国际视野	做最好的自己
		数学	4课时						
		英语	4课时		《3Ls英语》	英语校本			
		科学	4课时						
		社会	3课时				国际视野		
		思品	2课时				时事演讲		
		信息	2课时		Photoshop				
		音乐	1课时						
		美术	1课时		3大球	健康与保健			
		体育	3课时						
		校本与综合	2课时		六六工程		社会实践活动四季音乐会万米拉练		
	拓展性课程（一）	知识拓展类		共4课时	数学思维、新概念英语等	古诗词欣赏、报刊阅读等	科学设计与制作、演讲、数学实验等		
		体艺特长类			篆刻与书法、摄影艺术等	音乐人物、创意美术等	素描、古筝合唱、球类、田径、健美操等		
		实践活动类			文学社、英语角、富阳地方志等	信息学编程、生活中的数学等	模型制作、车辆航海模型、调查等		

五、课程评价

构建制度化的评价体系,更多地关注学生在课堂中知识的形成过程以及课后的应用过程,将教学评价从浅层的结果性评价转化至深层的过程性评价。从教师和学生层面评价数学拓展性课程的实施情况。

评价学生学习情况,各方面的比重如下:

考勤情况(10%),课堂纪律(10%),课程参与(20%),作业情况(20%),期末测试与考查(20%),课题研究报告(20%)。

评价老师开课情况:考勤情况,学生满意率调查,教研组长听课,课程开发情况等。

六、课程实施效果分析

三年的教学实践表明,初中数学拓展性课程对初中数学教学成效显著,主要体现在以下几个方面。

(一)构建两类课程体系,满足个性化发展的需要

浙江省借鉴上海市二期课改的三类课程分类法,把义务教育学校课程分为基础性课程和拓展性课程两大类。拓展性课程是学校提供给学生自主选择的学习内容,旨在培养学生的兴趣特长,满足其个性化发展的需要。拓展性课程教学突破了课堂学习的局限性,冲破了教材的束缚,激发了学生数学探索欲望和数学学习兴趣,开阔了学生的视野,同时积累了学生的数学基本活动经验。

(二)激发学习兴趣,实现育人价值

对实验学校的调查表明,学生非常喜欢数学拓展性课程,本学期还出现了网上"抢课"的现象。课程的"受欢迎度"直接表明拓展性课程深层次地激发了学生的学习兴趣。相应地,兴趣的激发对学生潜力的挖掘也有着助推作用。此外,拓展性课程开发渗透了立德树人的理念,在教学实践中真正实现了教书育人。例如,"分式比大小:哪种加油方式更合算"不仅渗透了勤俭节约的精神,还体现了"勿以善小而不为,勿以恶小而为之"的做人道理。

(三)提升教师的教学能力,促进教学方式的转变

拓展性课程的开发与实施对教师的影响主要表现在两个方面:一是转变了教

师的教学观,改变了相应的教学模式。教师充分发挥学生的主体地位作用,让他们在合作中收集材料、制订方案、制作作品、撰写论文等。在教学中教师既关注"教"方式转变,也关注"学习"的方式转变。二是促进了教师教科研水平的提高。数学拓展性课程的开发与实施在学校、教师队伍中营造了浓厚的教科研氛围,从而调动了教师参与科研的积极性,最终达到了提升其教科研水平的目的。课题组经过的研究积累了许多拓展性课程实施的经验与教学方法,撰写了13项关于数学拓展性课程开发与实施的成果,如研究报告、论文与案例等。

第六章　数学拓展性课程课堂教学案例研究

第一节　初中数学拓展性课程案例
——"节能减排,导图阅题"①

在基础性课程中,教师偏重于传授数学知识,疲于追赶教学进度,忙于处理作业。基于这样的现状,元通中学教学组开设了思维导图拓展课,旨在指导学生学习方法,培养思维品质,提高学生的数学核心素养。为此,元通中学数学组开设了思维导图拓展课。课程大体分为三个方面:

一是知识学习方法指导——数学知识整理,形成便于记忆的知识思维导图。

二是解题方法指导——导图阅题,构建清晰的解题框架图,培养学生的直观想象、逻辑推理、数学建模等核心素养。

三是活动方案设计——基于问题解决步骤的活动设计,培养学生的数据分析能力。

一、教材分析

本节课选自元通中学"思维的翅膀"拓展性课程的"第二章　生活中的数学",内容为运用思维导图解决应用题中的能源问题。

知识方面:学生在学习了基础性课程"代数式"内容后学习,为学生后续学习方程、应用问题奠定基础。

方法方面:本节课运用思维导图分析应用问题的方法也可以用于分析一般应用题。

思想方法方面:分类讨论思想在本节课中有充分的体现。

_____

① 本案例由海盐县元通中学柳丽丽提供。

核心素养方面:本节课蕴含着数学核心素养中的数学抽象和数学建模。

二、学情分析

(一)授课对象

授课对象为分层拓展的 A 层学生,学生基础知识和基本功比较扎实。

(二)学习基础

学习了"代数式"的相关知识,具备运用思维导图的形式呈现知识结构和解题思路基础的学生。

(三)拓展方面

阅读能力需要提升,分析问题、解决问题的能力有待进一步培养的学生。

(四)方法方面

分析和解决数量较多、关系复杂的应用题的能力比较薄弱的学生。

三、教学目标

(一)教学目标

1.初步感受利用思维导图分析有关代数式的应用题的方法,积累解决应用题的经验。

2.经历利用思维导图分析应用题的探究过程,得到题目体现的数学关系,提升数学抽象和数学建模素养。

3.尝试运用思维导图解决较复杂的应用题,寻找其中的数量关系,体会其中蕴含的化归思想、分类讨论思想和整体思想,提升学生的思维能力。

4.在解题过程中合作、探究,丰富学生的数学学习方式,培养学生良好的阅题习惯及节约能源的意识,增强学生的数学学习兴趣。

(二)教学重点

用思维导图分析与代数式相关的应用题。

(三)教学难点

分类讨论应用题中的数量关系。

四、教法学法

教法：思维导图、问题引导、追问。
学法：自主探究、合作学习、反思回顾。

五、教学过程

(一)引例分析1

1.学生的学习方式

前3个小题学生独立思考，然后交流解题方法；第(4)小题学生先独立探究，再小组合作完成，交流展示，共同探讨最优解题方法。（活动中教师适当引导、追问、呈现思维导图）

2.问题设计

问题1：你从题中获取哪些有用的信息？

问题2：甲的实际完成量70与+6有什么关系？要计算其他三位员工的实际完成量需要先求出哪个量？交流后形成如下思维导图(1)（见表6-1）。

表6-1 思维导图(1)

工人	甲	乙	丙	丁
定额	64	64	64	64
记作	+6	−1	+4	−2
实际	70	63	68	62

问题3：如何求4个人一天的工作总量？说说你的解题方法。（学生自由发言）

问题4：企业支付的总费用分为几部分？这些部分与题中哪些数据有关？（小组合作完成）

3.学生发言

生1：分为4部分，每个人的工资分为一部分，展示学生画的思维导图。

生2：分为4部分，基本工资、生产工资、扣除工资和奖励工资，思维导图如下。

用思维导图展示最简洁的思维过程（见图 6-1）：

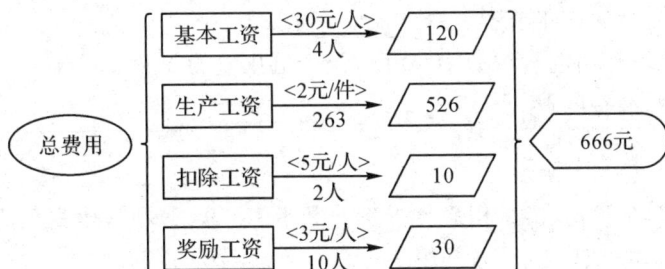

图 6-1　思维过程

问题 5：你觉得这两种方法哪种方法好？你有哪些解题收获？（通过反思回顾解题活动过程，收获解题方法，获得画思维导图的初步经验）

4.设计意图

思维导图（1）的设计能相对应地展现定额、记作、实际三个量之间的具体关系，帮助学生把文字表述转化为直观的数字关系，便于学生理解问题实质。

问题 3 中，学生在独立解题后，分享自己的解题方法，教师通过适当的追问，展现学生思维的起点。这里可以将 4 人实际的工作量相加解题，也可以运用整体法求解。通过对两种解题方法的探讨，比较两种方法的优缺点，突出整体法的简洁。

问题 4 中，本题有两种计算方法。方法一，求 4 个工人的工资之和；方法二，求四种考核方式的工资之和。通过问题让学生迅速锁定关键词：基本工资，生产工资，扣除工资，奖励工资。通过整体计算这四部分工资进行解题，让解题过程更加简洁，有效地减少了计算量。思维导图清晰地呈现了几部分组成结构，避免学生遗漏条件；同时，通过寻找与各部分相关的数据让数量关系更加清晰，避免了学生的计算错误。

通过探究，让学生初步感受用思维导图分析条件寻找解题策略、规范步骤、回顾解题方法的过程。本题只是有理数的运算，没有涉及字母，学生比较容易理解，目的是让学生体会思维导图对解题的帮助，为后续学习做好准备。

（二）练一练

某省居民生活用电的每度电价为 0.53 元/度，现可申请峰谷电，峰电时间：8：00—22：00，谷电时间：22：00—次日早上 8：00。电费以年用电量结算，低谷电价为 0.3 元/度，高峰电价为：第一档，1000 度及以下部分为 0.56 元/度；第二档，超过 1000 至 1800 度的部分为 0.62 元/度；第三档，超过 1800 度的部分为 0.87 元/度。

（1）小明家去年共用电 3000 度，其中峰电为 2000 度，谷电为 1000 度，则按这种计费方式他家该年节省电费_____元。

（2）小王家年用电量约为 4000 度，设峰电用量为 x 度（$x>1800$），请用含 x 的代数式表示峰谷电费。

1. 学生的学习方式

第（1）题学生模仿、尝试用思维导图分析题意；第（2）题学生先独立思考，再同桌间交流，分享解题方法。（教师组织、引导、评价活动过程）

2. 第（1）题的问题设计

问题1：节省的电费如何计算？

问题2：去年电费如何计算？今年电费为什么是两部分？你在哪里找到的条件？

3. 第（2）题问题设计

问题1：峰谷电费分为几部分？要分别求峰电和谷电电费需要知道哪些量？

问题2：峰电费用分几部分？如何分？依据是什么？要计算各档的电费需要知道哪些量？

问题3：谷电电费如何求？需要表示哪个量？

引导学生形成思维导图（见图6-2）：

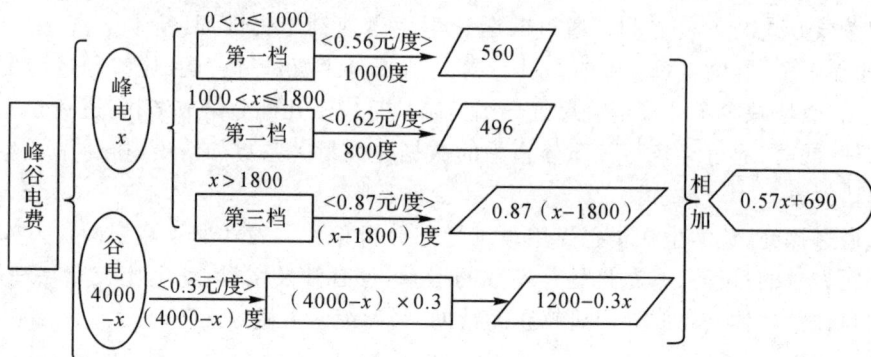

图 6-2 "练一练"思维导图

4. 阶段性小结

你觉得如何运用思维导图分析题意？（学生总结用思维导图分析题意的方法）

5. 设计意图

初步尝试用思维导图分析应用题的方法，让学生经历找题中关键词，运用思维导图分析各关键词之间的关系,找其中的数量关系,从而形成解题思路的过程。其中第(2)题从具体的数据关系上升到一般情况下字母量的分类讨论问题,在前边的基础上把难度做了适当的提升。教学时,采用学生先独立思考,再合作解决问题的方式降低难度。

(三)引例分析2

某市居民用水实施阶梯水价,将居民家庭全年用水量划分为三档,水价分档递增,水量分档和水价标准如下:第一档,用水量不超过 180m³,水价为2 元/m³;第二档,用水量在180(不含)～260(含)m³ 之间,超出 180 m³ 的部分的水价为 3 元/m³;第三档,用水量 260 m³ 以上,超出260 m³ 的部分的水价为 6 元/m³。

问:王华家全年用水量为 xm³,则应缴纳水费为多少元?

1.学生的学习方式

思考、尝试用思维导图研究分类讨论问题。

2.问题设计

问题1:请用你的话表述本题题意。

问题2:为什么用 x 来表示王华家的用水量?(引导学生对 x 进行分类讨论)

问题3:你觉得如何讨论水费呢?为什么?(学生自由发言)

问题4:请画出分析过程思维导图。

学生展示思维导图(见图6-3):

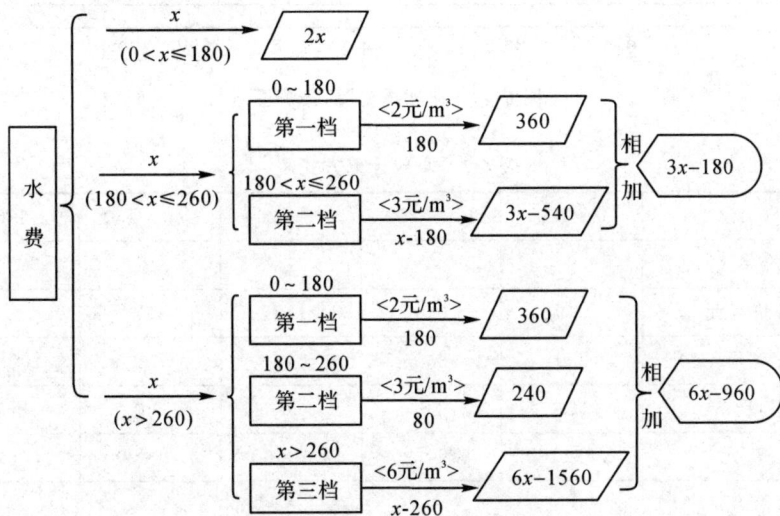

图6-3　"引例分析2"思维导图

3.设计意图

再次指导学生阅题技能,强化"阅"题意、"阅"关键信息以及它们之间的关系、"阅"解题方法的基本过程。本题涉及具体数据和字母的双重分类讨论,是学生的学习难点,这里运用思维导图逐层分析题意,进行有序的分类讨论,有效地避免了学生分类混乱的现象,清晰地呈现了数据各层级之间的关系。学生通过思维导图的分析方式能够清晰地理解题意及其中的逻辑关系;同时,也进一步提高了应用思维导图分析应用题的能力。

(四)拓展提高

1.学生的学习方式

自由发言讨论水费的计算方式,探讨选择最优方案;小组合作交流如何分类,自主探究借助思维导图分析问题的方法。(教师组织学生活动、纠错、点评)

2.问题设计

问题1:水费包括哪几部分? 哪种计算水费的方法更简单?

问题2:基础水价如何分类? 污水处理费又如何分类? 综合在一起如何分类?

问题3:如何计算这五档的总费用?

教师借助线段图帮助学生突破分类的难点。引导学生形成如图 6-4 所示的思维导图来解决问题,结果如表 6-2 所示。

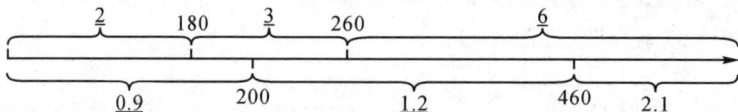

图 6-4 "拓展提高"思维导图

表 6-2 水费计算方式表

分 段	0～180	180～200	200～260	260～460	460～
基础水价/(元/m³)	2	3	3	6	6
污水处理价/(元/m³)	0.9	0.9	1.2	1.2	2.1
总水价/(元/m³)	2.9	3.9	4.2	7.2	8.1
用水量/m³	180	20	60	200	$x-460$
水费/元	2.9×180	3.9×20	4.2×60	7.2×200	8.1×$(x-460)$
总和/元	$8.1x-1434$				

3.设计意图

进一步增加例题的条件,增加污水处理费用,使题目涉及更多的量,提升思维强度,本题的解题关键是如何整理出新的分类方法,运用线段图和思维导图分析题意,可以非常直观地找到解决问题的方法,便于学生理解。本题巩固了运用思维导图解题的方法,体现了用思维导图分析问题的价值。

(五)小结

1.本节课收获了哪些知识和思想方法?

2.如何计算阶梯电费和阶梯水费?

3.掌握数学解题方法——思维导图分析法。

4.掌握数学思想方法——分类讨论、整体法。

(六)作业布置

关于污水处理厂污水处理问题的相关题。

(七)板书设计

板书设计如表6-3所示。

表6-3　板书设计

节能减排	
引入思维导图	例题思维导图
练习思维导图	拓展提高思维导图
小结内容	

六、教学反思

根据数学来源于生活并应用于生活的理念,本节课选用了学生所熟悉的生活中的问题体现了数学的应用价值。整节课,注重学生的活动过程,让学生在自主探索、合作交流中学习新方法、掌握新技能。通过经历用思维导图分析问题、解决问题的过程,让学生体会运用思维导图解题的优点。在后续的学习中,学生能够运用思维导图分析问题,提高阅读效率和解题的准确度,丰富解题方法,增加思维严密性,提升数学建模、数学抽象等数学核心素养。

第二节　初中数学拓展性课程案例
——"奇妙的三角板"[①]

一、教材分析

本节课为八(上)数学学科思维导图拓展性课程,是学生学习完成基础性课程"三角形的初步知识"和"特殊三角形"内容后的拓展,教学内容为直角三角形的应用,学习方式为运用思维导图进行解题分析。

从基础性课程的角度来看,它是直角三角形教学内容的延伸和发展:①三角板本身就是特殊的直角三角形;②运用三角板拼叠出的三角形具有特殊性,即角度为15 的倍数,因而能够分割成特殊的直角三角形,找到三边之间的数量关系。

从数学学习的角度来看,它涉及的分类讨论、化归思想、方程思想等数学思想方法贯穿于整个初中阶段的数学学习之中。同时,研究三角形的方法,也是研究一般几何图形的方法。学生通过动手试验、多方观察、深度研究,经历发现问题、提出问题、分析问题、解决问题的过程,获得研究几何图形的基本活动经验,培养创新思维能力,提高学生的数学学习能力。

二、学情分析

本节课的适用授课对象是分层拓展的 A 层学生,学生基础知识和基本功比较扎实,相对薄弱方面是以化归思想研究几何图形的方法有待提高,探究能力和创新能力不足。

三、教学目标

1.掌握三角板的特征:角以及各边的数量关系。

2.能通过化归思想添加辅助线构造特殊直角三角形,解决简单的几何问题。

3.经历、感受、体会常用的分析、研究三角形问题的方法,获得研究几何图形方法的基本活动经验。

---

① 本案例由元通中学郁卫军提供。

4.经历自主发现问题、提出问题、分析问题、解决问题、得出结论、应用结论的过程。

四、教学重难点

重点:引导学生进行有意义的数学探索,培养学生发现问题、提出问题、分析问题和解决问题的能力,锻炼学生的创新思维。

难点:自主选择研究方向并提出有针对性的研究办法。

五、教法学法

教法:问题教学法、迁移教学法、实验教学法。

学法:探究学习法、合作学习法、活动学习法。

六、教学过程

(一)模型引入激发兴趣

三角板是学生的普通的作图工具,以奇妙二字引入,提问:

1.今天我们的课题为什么用"奇妙"?

2.三角板的奇妙到底体现在什么地方?

设计意图:用"奇妙"设疑,激发学生的学习兴趣和探究欲望。

(二)梳理旧知奠定基础

1.展示含 45°角的三角板。

问题:观察这块三角板,你能得到哪些与数学相关的信息?

2.展示含 30°角的三角板。

问题:这块三角板又含有哪些数学信息呢? 你能得到哪些结论?

3.教师用思维导图的形式展示学生归纳的结论(见图 6-5)。

设计意图:本环节的问题较开放,从一块三角板入手,引导学生通过观察,寻找与数学相关的信息,进行归纳整理得到形状、角度、三边关系,为下一个环节研究一副三角板做铺垫。

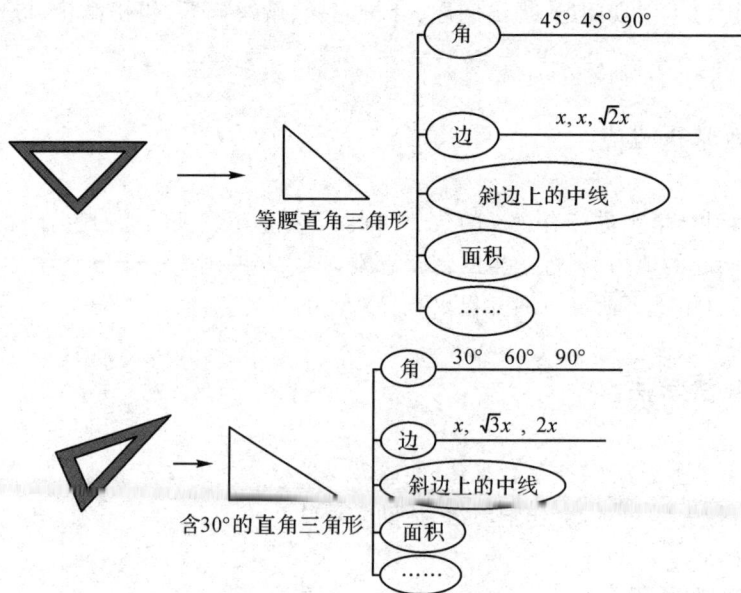

图 6-5 "奇妙的三角板"思维导图

(三)实验操作探究性质——探究活动 1

拼一拼,叠一叠:我们发现了……

为了使拼叠出的图形具有数学研究价值,设置了如下操作规则:至少要有一个顶点重合,且有一边重叠。

探究准备:学案提供多个备用图形(图形与学生的等腰直角三角板全等),便于学生拼图操作。

(1)问题:

a. 如果一副三角板放在一起,我们可以如何操作? 研究哪些方面?

b. 你能得到哪些结论(在图上做适当的标注)?

c. 你们小组研究了哪个方面? 展示你们的研究成果。

d. 你们还有什么发现?

(2)学生活动方式:自主探究、合作交流、展示汇报。

(3)教师授课方式:黑板展示学生的研究结论,适时地追问、引导。

问题 a、b 引导学生寻找研究方向;根据问题学生通过动手拼图、自主探究、小组合作交流等方式得出探究结论,并画出示意图,标注相关角度。

问题 c、d 为学生探究活动后的交流展示环节,学生归纳活动成果。学生能够从图形直观分析出角的研究方向,角度汇总过程中,学生通过观察得出代数规律

(15°的倍数)从而完成数与形的无痕转化,代数结论的获得避免了讨论的遗漏。形状的研究方向:由于拼法太多,分类困难,课堂中,学生可以直观感受到形状相同的为一类,归纳出 5 类图形,验证留为学生课外探索作业。

本环节通过开放性的问题,学生在动手操作中,寻找研究方向。通过小组合作交流展示的方式培养发现问题、提出问题、分析问题、解决问题的能力。在分类过程中锻炼学生的内省能力。学生在实践中经历观察、实验、分析、比较、类比归纳、猜想等过程。

我们已得到拼出的角和形状的结论,那么,还可以研究这些三角形的哪个量?边与边之间还有什么关系?

(四)小组合作深度思考——探究活动 2

(1)试一试初步感知研究价值。

两个三角板按图 6-6(a)放置,$AC = 2\sqrt{2}$,你能否求出 △ACH 的另外两条边?(请用思维导图画出你的分析过程)

变式:若△ACH 满足如图 6-6(b)所示的条件,$AC = x$,你还能求出其余两边的长吗?

问题:①用什么方法求出这两边的长?

②通过计算你有什么猜想?(已知一边能够求出其余两边的长)

设计意图:

问题①引导学生总结解决问题的方法:通过含特殊角的直角三角形解决问题。变式去除了三角板模型,引导学生通过观察角度将图形化归为含特殊角的直角三角形解决问题。

本环节通过研究具体图形初步感知拼叠成的三角形的三边之间存在关系,同时进行合理的猜想:拼出的其他三角形的三边也存在关系。

(2)小组合作验证猜想。

请观察其余的图形(见图 6-7),你觉得会有什么结论?每个小组研究一个图形,验证结论。

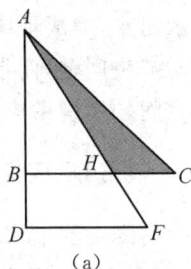

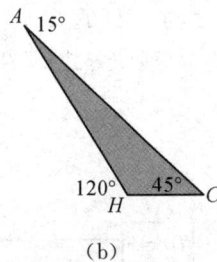

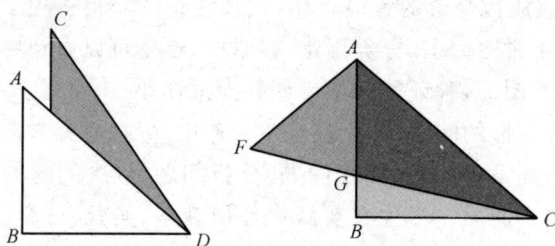

图 6-7

学生小组内合作交流验证猜想，小组间交流展示研究方法和结果。

设计意图：通过小组合作，分组交流展示，进一步验证拼叠成的三角形的三边存在数量关系。通过经历这四个图形的问题解决，进一步培养学生利用割补的方法构造特殊直角三角形的能力。设一边长，其余两边能够通过构造的特殊图形表示出来，完成证明。本环节没有边的条件却讨论边之间的关系，并非简单的操作就能解决问题，而是指向学生的深度学习——对本节课学习内容的深度理解，培养学生问题情境中应用这种理解的能力。

(五)巩固应用内化吸收

同一副三角板按图 6-8 放置，已知 $DF=8$，点 E 沿 AC 移时，保证 B、C、D 三点在同一直线上，当 $EF /\!\!/ BC$ 时，求 CD 的长。

活动方式：学生自主完成导图，展示思维过程（见图 6-9）。

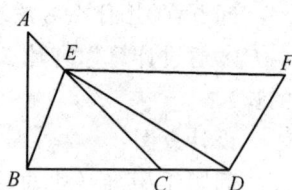

图 6-8

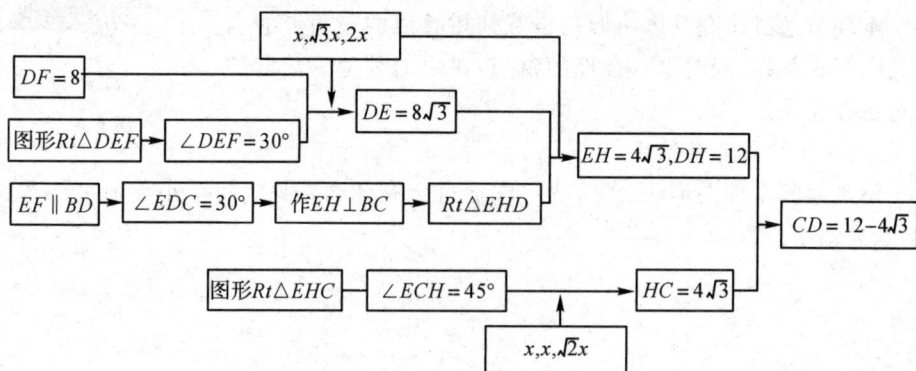

图 6-9　思维过程

设计意图:运用探究结论解决几何问题,进一步巩固通过添加辅助线构造特殊三角形的方法。

(六)课堂小结整理收获

1.说说三角板的"妙"(知识收获)

"三角板的'妙'"思维导图如图 6-10 所示。

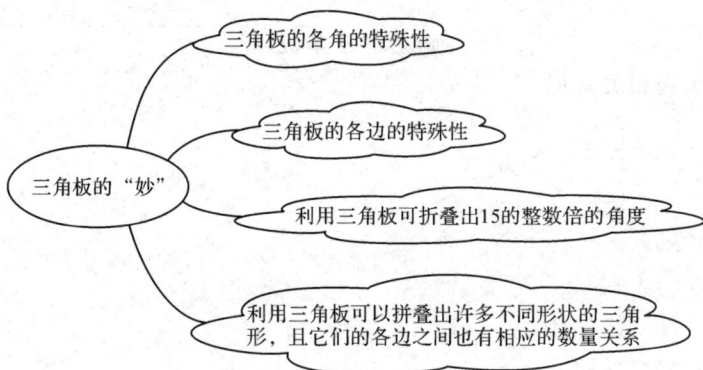

三角板的各角的特殊性

三角板的各边的特殊性

三角板的 "妙"

利用三角板可折叠出15的整数倍的角度

利用三角板可以拼叠出许多不同形状的三角形,且它们的各边之间也有相应的数量关系

图 6-10 "三角板的'妙'"思维导图

2.我们的探究之路(探究方法)

我们的探究之路如图 6-11 所示。

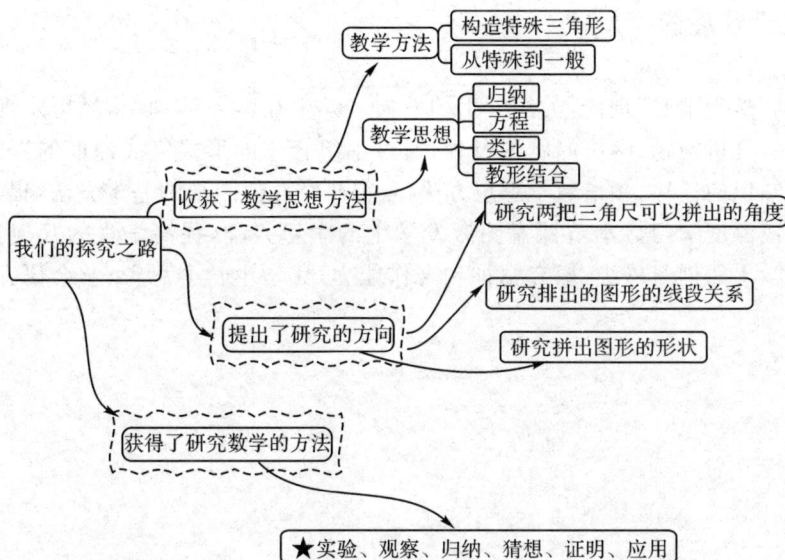

教学方法 ── 构造特殊三角形 / 从特殊到一般

教学思想 ── 归纳 / 方程 / 类比 / 教形结合

收获了数学思想方法

我们的探究之路

研究两把三角尺可以拼出的角度

提出了研究的方向

研究排出的图形的线段关系

研究拼出图形的形状

获得了研究数学的方法

★实验、观察、归纳、猜想、证明、应用

图 6-11 探究之路

(七)作业布置

(1)验证拼叠出的三角形可分为 5 类。(验证作业)

(2)你能利用三角板得到 7.5°的角吗?(延伸拓展作业)

七、板书设计

八、设计理念

根据"学为中心"理论,关注学生的发展。学生在学习活动中,经历发现问题、提出问题、分析问题、解决问题的过程,通过小组合作的形式完成深度的探究式学习,实现知识的迁移,领悟数学思想方法,获得研究几何图形的基本方法,提升思维品质,完成深度学习。本节课意图激发学生的学习兴趣,提高学生的几何直观素养,培养学生的创新思维、探究精神和合作能力,让学生学会思考、学会研究、学会学习。

第三节　初中数学拓展性课程案例
——"含 45°角的相似三角形"[①]

一、教材分析

　　本节课选自《数学新探索》九年级上册第 4 章第 3 节"含 45°角的相似三角形",是学习了浙教版《数学》九年级上册第四章第四节"两个相似三角形的判定"后的拓展性课题。主要让学生感知网格是研究几何图形的有效载体,并能利用勾股定理和相似三角形的性质求同类相似三角形。

　　"含 45°角的相似三角形"综合运用相似三角形的判定及勾股定理,是基础性课程的延伸,是培养学生的数学核心素养、落实"学为中心"的教学理念的有效载体。

二、学情分析

　　由皮亚杰的认识发展论可以知道,九年级学生已形成了一定的数学抽象能力,也有了一定的问题解决、数学建模、数形转换的能力,但这些经验与能力都还不足,因此在利用相似三角形的性质探索 4×4 网格中含 45°角的格点相似三角形时仍存在一定的难度。

　　学生之前已学习相似三角形及其性质,能用相似三角形的性质求同类三角形的相似比,这些都是学习"含 45°角的相似三角形"这节拓展性课程的基础,在这些基础上探究本节课的内容,体现数学教学的顺序性。

三、教学目标

(一)知识与技能

1. 能够理解格点线段的数量关系。
2. 会在 4×4 网格中画含 45°角的格点相似三角形。
3. 能根据 45°角两边的不同比值进行分类。

---

① 本案例由富阳永兴中学邵文鸿提供。

(二)过程与方法

1. 探索 45°角两边不同比值的规律,体会数形结合、分类讨论的数学思想方法。

2. 经历研究问题从特殊到一般、从简单到复杂的过程,体会问题解决的一般步骤和方法。

3. 经历用 4×4 网格中 45°角"两边的比值"找同类三角形及用"相似比"找同种三角形的过程,构建基本模型解决问题。

(三)情感态度与价值观

1. 由简单的含 45°角的格点三角形出发,感悟数学学习过程中提出问题的重要性。

2. 经历在网格中探索格点相似三角形的过程,感悟数形结合的数学之美。

四、教学重难点

重点:学生会在网格中画含 45°角的格点相似三角形,并能根据 45°角两边的不同比值进行分类。

难点:学生能用"夹角两边的比值"对含 45°角的格点三角形进行分类,能发现 45°角两边比值的关系;能利用"相似比"求同一类含 45°角的三角形个数。

五、教学方法

教法:启发法、探讨法、作图法、多媒体教学法等。

学法:自主学习法、合作学习法、探究学习法等。

六、教学过程

环节一 创设情境 引入新知

(一)情境引入

老师引导学生解决△ABC 的面积问题。

1. 在图 6-12 所示的 △ABC 中,$AB = 3$,$AC = 2\sqrt{2}$,$BC = \sqrt{5}$,求 △ABC 的面积。

2. 给你一个 4×4 的网格,你能想到新的求△ABC 的面积的方法吗?

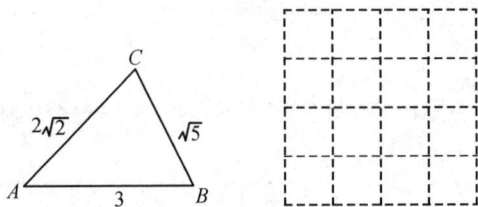

图 6-12

预设学生能够容易地想到求△ABC 的高线,再根据三角形面积公式求出面积;通过将△ABC 放到网格中,借助网格的直观性,直接观察得出三角形的面积。

设计意图:通过实例,让学生感悟网格是研究几何图形的有效载体;通过将一些图形放在网格中研究,体会数形结合的思想。

(二)新知铺垫

老师引导学生思考以下问题。

1. 怎样的三角形是格点三角形?

2. 在 4×4 网格中画出几条格点线段。

3. 格点线段(格点三角形的边)具有怎样的数量特征?

4. 如何计算 4×4 网格中可能的格点线段长?

表 6-3　格点线段长

ab	0	1	2	3	4
0					
1					
2					
3					
4					

预设学生能理解顶点在格点上的三角形为格点三角形,并在老师的引导下,结合勾股定理,探究出格点线段(格点三角形的边)所具有的数量特征:$\sqrt{a^2+b^2}$(a,b 为自然数)。

设计意图:通过让学生动手操作,引导学生思考格点线段(格点三角形的边)所具有的共性,使学生经历从特殊到一般的过程。

环节二 提出问题 探究新知

(一)问题提出

老师引导学生动手操作:在图 6-13 所示的 4×4 网格中画出 3 个含 45°角的格点三角形。

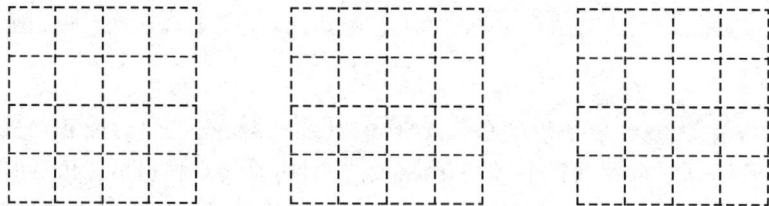

图 6-13

(二)新知探究

老师引导学生合作交流、展示分析。

在画好的网格中,探究以下问题:

(1)能画出几类含 45°角的格点三角形(相似的算同一类)?

(2)同一类含 45°角的格点三角形可以画出几种(全等的算一种)?

预设通过集体的交流讨论,学生能给出多类不相似的含 45°角的格点三角形,并且同一类下可能会出现多种或全等的三角形,但学生很难从中找到规律,也难以确定是否找到了符合条件的所有三角形。

设计意图:通过让学生经历发现问题、提出问题的过程,培养其发现问题、提出问题的能力。

环节三 师生探讨 拓展新知

老师引导学生探究 4×4 的网格中含 45°角的格点三角形的种类(相似的算一类)。

1. 不相似的分类标准是什么?

2. 依据之前的探索,猜想 45°角两边的比值有何特征?

3. 对猜想进行验证。

表 6-4 各种比值情况

nm	1	2	3	4
1				
2				
3				
4				

预设学生能理解用 45°角两边的比值对相似与不相似进行分类,通过计算之前得到的几类格点三角形的 45°角两边的比值,在教师的帮助下,归纳猜想比值可以写成 $m:\sqrt{2}n,\sqrt{2m}:n$ 两类,但这一过程难度较大。

老师引导学生探究同一类含 45°角的格点三角形可以画出的种类(全等算一种)。

(1)相似的等腰三角形有几种?

(2)相似的斜三角形有几种(剩余的每一类有几种)?

预设学生能从等腰直角三角形开始考虑,通过教师引导、合作交流,得到同一类格点三角形扩大的相似比为 $\sqrt{a^2+b^2}$(a,b 为自然数),但这一结论的得出对学生来讲有一定的难度。

设计意图:渗透分类讨论思想,将"形"转化为"数",让学生感受数形结合的思想方法。

环节四　总结回顾　复习新知

老师引导学生总结回顾"含 45°角的相似三角形"这节课的知识点。

(1)网格是研究几何图形的有效载体。

(2)研究成果:

①格点线段的数量特征为 $\sqrt{a^2+b^2}$(a,b 为自然数)。

②含 45°角的格点三角形中,夹 45°角两边比值数量特征为 $\dfrac{\sqrt{2}m}{n}$ 或 $\dfrac{m}{\sqrt{2}n}$。

③含 45°角的格点相似三角形的相似比为 $\sqrt{a^2+b^2}$(a,b 为自然数)。

(3)格点相似三角形的研究方法:数形结合,分类讨论,归纳猜想。

设计意图:通过学生回顾思考、师生共同归纳总结,培养学生及时归纳的习惯和提高学生的概括能力。

环节五　布置作业　掌握新知

学生根据自身已有的知识水平和对"含 45°角的相似三角形"这节课的掌握程度,完成下面练习。

【思考题】

在 6×6 网格中含 45°角的格点三角形能画出几类(相似的算同一类)?

设计意图:类比课堂上的探究,学生独立解答,巩固所学的方法(或成果)。

七、板书设计

4.3 含 45°角的相似三角形

1. 网格是研究几何图形的有效载体。

2. 研究结论:

(1)格点线段的数量特征: $\sqrt{a^2+b^2}$ (a,b 为自然数,且 $0 \leqslant a \leqslant b \leqslant 4$)。

(2)含 45°角的格点三角形中,夹 45°角两边比值数量特征: $\dfrac{\sqrt{2}m}{n}$ 或 $\dfrac{m}{\sqrt{2}n}$ ($1 \leqslant m, n \leqslant 4$)。

(3)含 45°角的格点相似三角形的相似比: $\sqrt{a^2+b^2}$ (a,b 为自然数,且 $0 \leqslant a \leqslant b \leqslant 4$)。

八、教学反思

(一)指向"深度学习"的教学

深度学习是基于学生对学习主题的理解,以解决挑战性问题和发展高阶思维为目标的学习,从概念中可以看出,深度学习主要指向问题解决。作为一节拓展性课程,"含 45°角的相似三角形"难度较大,在教学中,不管是对教师的教还是学生的学,挑战性都较强,在这一节课中,学习的主题就是探究含 45°角的相似三角形,主要从形或数的角度出发,通过对图形形状、位置、大小的研究,解决格点中含 45°角的相似三角形有几类、每类有几种这两个问题。

此外,在深度学习的过程中,需要学生具备三种能力:认知能力、人际能力以及内省能力。所谓认知能力,即深度理解内容知识、批判性思维与复杂问题解决等能力;人际能力,即协作与交流,对课堂中学生的表现进行观察,可以看到学生的自主度、合作的效度、探究的深度都各不相同,比如在课堂教学中,通过自主画图、小组合作发现含 45°角的格点三角形有 7 种类型;内省能力,即学生的反思力和批判性思维,比如在对"含 45°角的相似三角形有几类"这一问题进行研究时,学生最先提出有 9 类,但之后通过反思,发现有 2 类是重复的,这就体现了学生的内省能力。

(二)落实"学为中心"的理念

要完成深度学习,就要依靠"学为中心"这一学习方式。"学为中心"就是以学生的发展为中心,让教师的教方便学生的学。由这节课最后的总结环节可知,学生在知识整理的过程中,不仅仅整理了知识,更重要的是掌握了研究问题的方法,比如数形结合、分类讨论、归纳猜想等,其中还包含隐形思维的发展,即思维从无序到有序。在"含45°角的相似三角形"这节课中,学生通过画图,得到了无序的结果,但在教师的引导下,逐渐从无序到有序,使得结果的呈现更加清晰。

同时,"学为中心"的教学方式要以"学"的基础定教的起点,以"学"的规律定教的内容,以"学"的目的定教的活动,以"学"的需要定教的策略。在课堂教学中,根据学生的情况,首先探究本节课最基本的问题:网格中线段的特征;研究过程中也不再遵循从形到数的思考方式,而是从数的角度探究问题,从数到形,以此有效地解决 6×6、8×8 之类的网格图形的相似三角形问题,并且达到不遗漏、不重复的目的。整个教学过程体现了教师的批判性思维,只有教师有批判性思维,才能培养学生的批判性思维。

(三)重视教学环节的完整性

这节课首先用"求给定三角形的面积"这一个问题进行引入,目的在于让学生体验网格在研究几何图形中的重要性;接着通过对网格线段数量特征的研究,为后续的教学做铺垫;之后通过画图,培养学生的提问能力,让学生知道在对几何图形进行研究时,可以从研究对象与研究内容入手,并且让学生进行小组合作交流,在教师的引导下提出本节课的两个核心问题:①含45°角的相似三角形有几类? ②每一类含45°角的三角形有几种? 之后,围绕这两个问题展开探究,得到结论。

在整个教学过程中,虽然重视学生主体性的发挥、能力的提升,并且经历了发现问题、提出问题、分析问题与解决问题的过程,但两个问题的探索过程及结论的得出都有些仓促。针对第一个问题,由于课堂教学时间的限制,教师缺乏给予学生思考三角形中夹45°角的两边比值的数量特征为何可以表示为 $\frac{\sqrt{2}\,m}{n}$ 或 $\frac{m}{\sqrt{2}\,n}$ 的机会,使得学生存在一定的疑虑;针对第二个问题,从等腰直角三角形这一特殊三角形出发进行研究,发现在 4×4 网格中,同一类三角形的相似比为 $\sqrt{a^2+b^2}$,但缺少让学生经历证明的过程,即扩大后的三角形是否仍为格点三角形。

由于这两个环节上缺少相应的探究过程,因此整个课堂教学在引导学生对问题进行深入与全面的分析上还存在一定的不足。

第四节　初中数学拓展性课程案例
——"日历中的数字规律"①

一、教材分析

本节课是七(上)数学学科"日历中的数字规律"拓展性课程,是在学生学习完基础性课程"一元一次方程的解法"内容后的拓展,教学的内容为日历中数字之间的联系与规律,学习方式为运用字母表示数、一元一次方程的解法进行分析。

从基础性课程的角度来看,它是用字母表示数和一元一次方程的解法教学内容的延伸和拓展:①日历中的数字之间的规律一般化需要通过字母来表示;②求解日历中的日期需要先掌握一元一次方程基解法。

从数学学习的角度来看,它涉及的方程思想、代数思想、类比等数学思想方法贯穿于整个初中阶段的数学学习之中。同时,学生通过多方观察,深度研究,经历发现问题、提出问题、分析问题、解决问题的过程,获得了研究代数问题的基本活动经验,培养了学生创新思维能力,提高了学生归纳类比能力,获得研究日历中日期之间的数字关系的方法。

二、学情分析

初中一年级的学生刚从小学阶段上来,更关注"有趣""好玩""新奇"的事物,经历小学到初中从具体到抽象的过程,但是由于年龄特征,他们的思维较为活泼、缺乏严谨,因此教师需要结合生活中的数学,给予学生亲切感,让学生了解到数学知识取材于现实世界,体会到数学与现实生活之间的联系,从数学视角发现日常生活中隐藏着的许多数学知识。这样的教学模式和教学内容,可以提高学生参与数学活动的积极性,增强对数学的好奇心与求知欲;使数学回归生活,让学生清晰地感受到数学就在身边,而数学就是用来解决生活问题的工具,数学与生活息息相关。

在这之前学生已经学习了用字母表示数、一元一次方程、一元一次方程的解法等,并且已经探索了日历中简单的数字规律,得到了一些探索的方法和经验。本节课就是在这些内容的基础上,结合方程的知识,进一步探索日历中的数字规律。

---

① 本案例由仓前中学胡旅航提供。

三、教学目标

(一)知识技能

1.在具体的情境中会用字母表示简单的数量关系。
2.运用合并同类项、去括号等运算法则验证得到的结论。

(二)数学思考

能用一元一次方程的解法等找到数字间的规律,能用字母将规律一般化。

(三) 问题解决

1.经历观察、猜想、验证等数学活动,建立初步的符号意识,发展抽象思维能力,体会数学中类比、方程等数学思想方法。
2.通过小组合作,学会交流思维的过程与结果。
3.体会方程是刻画现实生活的有效模型。

(四)情感态度

通过对日历的研究,让学生感受到数学的趣味,体会到充满探索与创造的数学活动,培养学生的好奇心与求知欲。

四、教学重难点

重点:找到日历中日期之间的规律并一般化。
难点:利用"合并同类项""去括号"等法则验证探索得到的规律,发展抽象思维能力。

五、教学方法

教法:讲授法、讨论法、多媒体辅助教学法等。
学法:自主学习法、探究学习法、合作学习法等。

六、教学过程

环节一 创设情境,导入新课

(一)创设情境

问题一:表 6-5 是 2019 年 3 月的日历,任意在日历中圈出一个数,若它与上、下、左、右相邻的四个数之和为 100,你能马上猜出圈出的是几号吗?

表 6-5

星期日	星期一	星期二	星期三	星期四	星期五	星期六
					1	2
3	4	5	6	7	8	9
10	11	12	13	14	15	16
17	18	19	20	21	22	23
24	25	26	27	28	29	30
31						

设计意图:设置一个学生无法快速解决的问题,激发学生的学习兴趣和探究欲望。

(二)导入新课

问题二:同样地,在 2019 年 3 月的日历中,任意找出一个数,如 20,找出它与左、右、上、下四个相邻日期之间的关系。

结论:横排相邻两数相差 1,竖排相邻两数相差 7。

设计意图:从具体日历中找出横排相邻两数、竖排相邻两数之间的关系,为接下来抽象规律的探索做铺垫。

环节二 合作探究,得出规律

(一)用字母表示日历中日期之间的规律

游戏一:同桌两人,一人圈出横列或竖列上相邻的 3 个数,并把其和告诉同桌,由同桌求出这 3 个数,两人轮流进行。

问题三:横列上相邻的三个数、竖列上相邻的三个数之间的联系能否用字母来表示?

先由学生独立思考,再和同桌进行讨论,由学生回答。结果如图 6-14 所示。

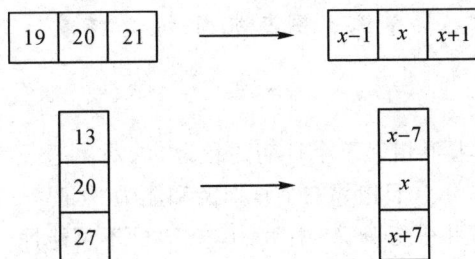

| 19 | 20 | 21 |

→

| $x-1$ | x | $x+1$ |

| 13 |
| 20 |
| 27 |

→

| $x-7$ |
| x |
| $x+7$ |

图 6-14

游戏二:一人用十字格任意圈出 5 个数,并把这 5 个数的和告诉同桌,再由同桌求出这 5 个数,两人轮流进行。

问题四:十字格上的五个数之间的联系能否用字母来表示?

结果如图 6-15 所示。

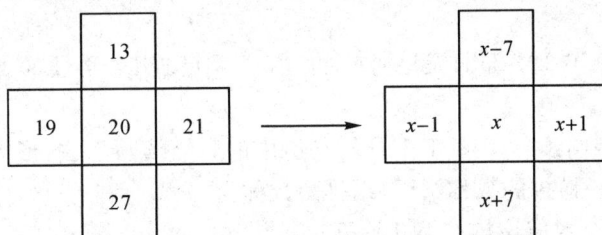

图 6-15

游戏三:一人用田字格任意圈出 4 个数,并把这 4 个数的和告诉同桌,再由同桌求出这 4 个数,两人轮流进行。

问题五:田字格上的四个数之间的联系能否用字母来表示?

结果如图 6-16 所示。

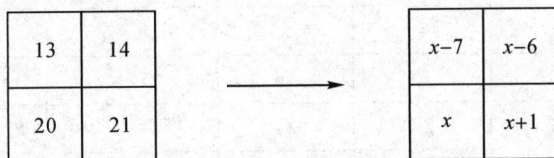

| 13 | 14 |
| 20 | 21 |

→

| $x-7$ | $x-6$ |
| x | $x+1$ |

图 6-16

追问:还能否从其他角度发现数字间的规律?(提示斜对角)

结论:左斜对角线相差 8,右斜对角线相差 6。

得到最终结论:横差 1,竖差 7,左斜差 8,右斜差 6。

设计意图:通过游戏与类比学习,使学生更好地将新旧知识联系起来,达到探索抽象规律的目的。

环节三 例题巩固,总结拓展

(一)例题

例 1:已知日历中上下相邻三个日期的和为 30,写出这三个日期。上下相邻三个日期的和能为 75 吗? 上下相邻三个日期的和能为 21 吗?

通过列方程求解,并进行验算,说明 21 与 75 的不可能性。

例 2:在日历中圈出 2×2 方块,若圈出的四个数之和为 44,写出这四个日期。列方程求解。

例 3:2017 年 8 月的某一周,小明一家外出旅游,这一周各天的日期之和是 63,你能算出小明一家是几号回家的吗?

练习 1:2019 年 2 月 20 日是星期三,再过 8 天是星期几? 再过 20 天是星期几?

练习 2(拓展阅读):2019 年 1 月的日历中的数继续写下去,形成一张数表(见表 6-6),并将每一横排的数称"行",纵排的数称为"列"。问:
(1)2019 这个数应该排在第几行第几列?
(2)在此表中画一个 3×3 正方形,这个正方形的 9 个数的和可能是 2019 吗? 2025 呢?

表 6-6

日	一	二	三	四	五	六
		1	2	3	4	5
6	7	8	9	10	11	12
13	14	15	16	17	18	19
20	21	22	23	24	25	26
27	28	29	30	31	32	33
34	35	36	37	38	39	40
…	…	…	…			
804	805	806	807	808	809	810
…	…	…	…			

解：(1)2019 在第 289 行，第 5 个。

(2)设 9 个数最中心的数为 x，则根据题意，得

$$x+(x+1)+(x-1)+(x+7)+(x-7)+(x+6)+(x-6)+(x+8)+(x-8)=2019,$$

解得 $x=\dfrac{2019}{9}$，不合题意。

$$x+(x+1)+(x-1)+(x+7)+(x-7)+(x+6)+(x-6)+(x+8)+(x-8)=2025,$$

解得 $x=225$，经检验，符合题意。

设计意图：利用一元一次方程的解法求解例习题，巩固上一环节得到的结论。

(二)总结拓展

(1)日历中的数字规律有哪些？

(2)数学符号通常比语言、文字更简练、更直观、更具有一般性，能更好地表示数量之间的关系。

七、教学反思

(一)教学理念

新课程提出要关注学生的学习方式，倡导形成学生自主探究、合作交流的"学为中心"课堂，本节课的教学贯彻了这一理念，着重培养学生的核心素养与创新思维。在"日历中的数字规律"这一节拓展性课程中，教师基于学生阅读、思考、交流、归纳、练习进行教学，教学过程中不在意学生探究的规律是否完整、全面，而在意让学生在活动中体验数学的研究方法，关注如何培养学生发现问题、提出问题的能力，如何培养学生的创新思维，如何提高学生参与课堂的水平，如何增强学生的数学思维能力。

(二)教学主题

七年级的学生已经学习过"用字母表示数"，有了一定的代数式和方程的知识，但他们对字母和代数式的意识还非常淡薄，由于小学阶段存留下来的算式解题思维，一时难以运用代数式去解决问题。在课堂教学中，对"某月日历一个竖列上相邻的三个日期的和是 57，那么你能求出这三个日期分别是多少吗？"这一问题让学生板演，学生给出了三种解题方法：

学生 1：解：设这个日期为 x。

$$x+(x+7)+(x+14)=57$$
$$x+x+7+x+14=57$$
$$3x=57-14-7$$
$$x=36\div3$$
$$x=12$$

学生2:解:设中间的日期为x。
$$x+(x+7)+(x-7)=57$$
$$x+x+7+x-7=57$$
$$x+x+x+7-7=57$$
$$3x=57$$
$$x=19$$
$$x+7=19+7=26$$
$$x-7=19-7=12$$

学生3：
$57\div3=19,19-7=12,19+7=26$。

根据这三位同学的解题构成，让学生进行评价，发现有学生回答学生3的算数方法最好，而教学预设是学生会选择中间设未知数的方法，方程方法比较简洁、清晰。所以在思考如何让学生从算数的思维过渡到代数方程的思维模式时，不是一件简单的事情，而是一个抽象化、一般化的过程，因此，在教学设计上再次强调围绕方程的模型解决问题的一般流程，从而强化学生的字母意识，训练学生的代数思维，让学生体验一般化的思想，同时了解波利亚解决问题的四个环节：理解问题、制订计划、执行计划、回顾反思。

(三)教学定位

拓展性教材到底拓展什么？是拓展知识的纵伸，还是拓展方法。最终，教师将这节课确定为拓展解决问题的方法，帮助学生理解教材、提炼解决问题方法、激发学生兴趣的拓展性课程，基于这样的课程定位，制定了如下目标：

1. 通过探索日历中数的排列规律，体验一元一次方程是解决现实生活问题的有效数学模型；了解问题解决的基本步骤，渗透数学建模的思想。

2. 强化学生字母意识，渗透一般化思想，善于用方程的方法解决日历中的问题，在解决问题的过程中，培养学生独立思考、合作交流、自主探索的能力，引导学生读题、审题，提高学生分析、解决应用问题的能力。

3. 能运用方程的思想、类比的数学方法解决日历中的有关问题，并从中领会数学的优化解题原则，激发学生对数学学习的兴趣和热情。

　　为了完成这样的目标,设计了以下的教学流程:①学前准备、温故知新;②互动游戏、激发兴趣;③变式分析、拓展提高;④自主探索、合作交流;⑤评价反馈。第一个环节是让学生提升自主学习的能力,为新课的开展做好准备;第二个游戏环节旨在激发学生的学习兴趣,同时制造悬念,让初一新生觉得数学是好玩的;第三个环节是想渗透方程思想,通过对比,让学生感受数学的简单化,优化解题的体验,让学生体验数学的实用性;第四个环节主要是让学生提高自主探索知识的能力,学会思考、学会探究,并利用相应的资源学习,加深学生印象;第五个环节是巩固与弥补自身的不足。各个过程环环相扣,紧密相连。

　　(四)教学情境

　　拓展性课程的教学,需开发一些有益的、真实的情境。在日常生活中,日历是学生所熟悉的生活物体,但生活中的日历究竟有哪些数字规律呢? 这样一个起关键作用的、在学生最近发展区的、富有挑战性的问题,能激发学生浓厚的学习兴趣。此外,除了要设计一些真实的生活情境,还要设计项目式、主题式、探究式、体验式的综合学习活动,主题式与探究式的学习活动能让学生体验数学探究的方法,进而培养学生的数学思维与数学能力。

第五节　初中数学拓展性课程案例
——"探索 A4 纸的数学秘密"①

一、教材分析

　　本节课内容是从数学的视角探究 A4 纸背后的数学知识,是对相似图形知识的延伸,通过本节课的学习学生可以培养用数学的眼光看待生活中的事物习惯。

二、学情分析

　　在学习本节课内容前,学生已经学习过基础性课程中的相似三角形,因此学生认知中的已有知识,可以促进本节课内容的学习,同时通过本节课的学习学生也可以加深对相似图形的理解。通过本节课的学习,学生还可以锻炼探究能力。

---

　　① 本案例由潘云芳提供。

三、教学目标

(1)知识与技能:认识标准纸,进一步掌握相似多边形的性质。
(2)过程与方法:经历探究、合作的过程,用相似图形的性质计算相关问题。
(3)情感态度与价值观:学会从数学的角度认识世界,解释生活现象,逐渐形成
"以数学的眼光看世界"的习惯。

四、教学重难点

重点:经历探究的过程,掌握标准纸及相似图形的相关性质。
难点:探究能力的培养,形成"以数学的眼光看世界"的习惯。

五、教学方法

教法:探究法、讲授法。
学法:探究学习、合作学习。

六、教学过程

(一)新课导入

问题1:从研究几何图形的角度出发,探索一下 A4 纸背后隐藏的数学秘密。
(提示:几何图形可以从哪些方面研究? 自主探究后合作交流。)
【板书】探究的基本步骤:测量,计算,观察,猜想,验证,得出结论。
【设计意图】通过教师的引导,学生自己动手探究 A4 纸背后的数学知识,然后
把自己的猜想或结论向小组内成员分享。这样的学习过程体现了"学为中心",可
以锻炼学生的动手能力、探究能力和合作交流能力。

(二)概念探索

学生分享自己的猜想或结论,教师引导得出标准纸的概念。
问题2:通过观察 A4 纸的长和宽的运算,可以发现什么?(引导得出:长与宽
之比接近$\sqrt{2}$。)
【板书】标准纸:长与宽之比为$\sqrt{2}$的纸。

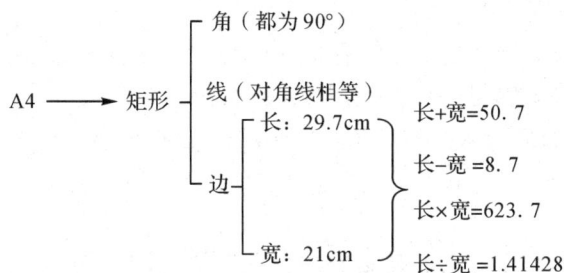

图 6-17　猜想过程

问题 3：国际上对 A 系列标准纸的初始纸，也就是 A0 纸有所规定，即其面积为 $1m^2$。那么根据面积，是否可以求出 A0 纸的长和宽？

问题 4：把 A0 纸沿长边对开，会出现怎样的情况？（请同学们进行猜想（见图 6-17)，并且验证自己的猜想）

预设：得出还是标准纸的结论。（且称其为 A1 纸）

问题 5：把 A0 纸，沿长边对开一次的纸称为 A1 纸。那么 A4 纸是 A0 纸对开几次得到的呢？

预设：4 次。

注意：对 A 系列纸进行讲解（见图 6-18 和表 6-7)。

表 6-7

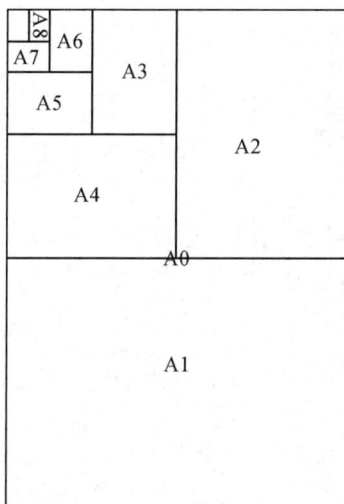

图 6-18

A 号纸张尺寸表	
A 号纸张规格	尺寸/(mm×mm)
A0	841×1189
A1	594×841
A2	420×594
A3	297×420
A4	210×297
A5	148×210
A6	105×148
A7	74×105
A8	52×74
A9	37×52
A10	26×37

问题 6：这样裁剪纸的好处有哪些？

预设:美观、不浪费纸张。

思考问题 1:如果给出一张纸,有几种验证方法能验证它是否为标准纸?(小组合作讨论 3 分钟,请有想法的小组派代表发言)

思考问题 2:如果给你一张正方形的纸,你可以折出 A4 纸吗?(思考并动手尝试,请同学回答)

【设计意图】

1.教师对学生自主探究的猜想或结论做出反馈,同时加以引导得出标准纸的概念。让学生发现自己探究中存在的不足,对所探究知识的理解更加深入。

2.讲解标准纸的概念后,对 A 系列的纸进行讲解。这是为后面标准纸性质探究做铺垫,也是对学生数学视野的拓展。

3.通过两个思考题加深学生对标准纸的理解,同时锻炼学生的动手能力和数学思维。

(三)性质探索

问题 7:探究 A 系列纸的数学关系。(请同学们自行探究 3 分钟,请同学代表进行回答)

【板书】如图 6-19 所示。

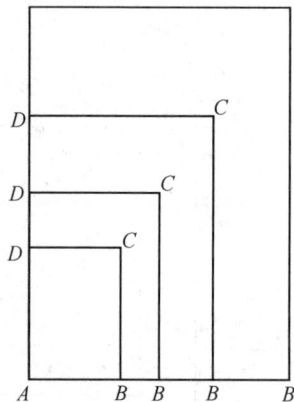

图 6-19

预设:

(1)所有的矩形都是相似的;

(2)$S_{A0} : S_{A1} = S_{A1} : S_{A2} = \cdots = 2 : 1$;

(3)A 点和所有的 C 点在一条直线上;

(4)A_n 纸的周长为:$2 \times (\sqrt{2} + 1) \times \dfrac{1}{(\sqrt{2})^n}$。

（教师对每一位同学得到的猜想进行总结，并引导学生证明自己的猜想；对没有提到的性质，教师引导学生发现并证明。）

【设计意图】在知道什么是标准纸的基础上进一步探究，教师在学生呈现猜想或结论时给予反馈，对没有被学生探究到的重要性质，教师给予提示，引导学生得出其性质。既使课堂内容充实完整，又培养了学生发现问题能力和探究能力。

（四）课堂小结

问题 8：通过本节课的学习，你学到了什么知识？

（1）标准纸：长与宽之比为 $\sqrt{2}$ 的纸。

（2）标准纸的性质：$S_{A0}：S_{A1}=S_{A1}：S_{A2}=\cdots=1：\dfrac{1}{2}$；

$$An \text{ 纸的周长为}：2\times(\sqrt{2}+1)\times\dfrac{1}{(\sqrt{2})^n}；$$

……

（3）研究几何图形时，可以从其边、角、线的角度去探究。

（4）探究的一般步骤是：通过测量、计算、观察等得出猜想，并且对猜想加以验证，最后得出相应的结论。

【设计意图】通过对本节课内容的梳理，让学生对所学内容有清晰的思路，使其更好地掌握所学知识。

（五）作业布置

教材第 157 页 1、2 题。

（六）教学反思

1.用数学的眼光看待问题

拓展性课程是将数学知识与生活实际紧密相融的课程，所以需要学生学会用数学的眼光、数学的方法、数学的思维去探究、发现现实生活中所蕴含的数学问题。"探索 A4 纸的数学秘密"一课中，教师带领着学生用数学的眼光看待生活中常见的 A4 纸，运用了几何研究的一般规律，通过动手、体验、归纳，最后抽象出这节课的研究对象——标准纸。

教师运用小组合作探究的方式，让学生抽象出本节课的研究对象——标准纸，可能由于问题过于发散，在这一教学环节中出现了运用时间较长、探究问题不明确的问题。

2.重视知识的再发现

波利亚说过："教师的作用在于系统地给学生发现事物的机会，并给予适当的帮助,让学生在情景中亲自去发现尽可能多的东西。"A4 纸涉及的数学知识多且广,在这种情况下教师给予学生适当的帮助,并向学生指出探索 A4 纸的方法,即测一测、算一算、猜一猜、折一折。学生在老师的提示下进行合作探究,实现知识的再发现、再创造。

3.落实数学核心素养

数学拓展性课程作为数学课程的延伸,在培养和发展学生数学素养方面起到了重要的作用。在探究标准纸的性质时教师抓住了其实质,就是通过探索图形要素和相关要素之间的关系,来揭示几何图形的结构。在探究几何图形要素时,学生通过测量 A4 纸的边得到 A4 纸的长与宽之比为$\sqrt{2}$,由此抽象出标准纸,这有利于学生建模思想的培养。

4.实现立德树人,用数学的眼光育人

拓展性课程有利于强化学科德育,落实课程思政,实现育人价值。拓展性课程通过深入挖掘课程内容的德育元素,在教学中渗透学科育人功能,寓教于乐,发展学生的德育素养。本节课上教师不仅重视标准纸性质的探究,在课堂教学中也讲述了 A4 纸的由来,提到标准纸的长与宽之比为$\sqrt{2}$,并指出这样的设计可以最大限度地避免浪费,由此培养学生的环保意识,做到了立德树人、用数学的方式育人。

第六节　初中数学拓展性课程案例
——"项目活动设计——特殊平行四边形"①

基于项目的学习(Project-based Learning,PBL)是对复杂、真实问题的探究过程,也是设计项目任务规划并实施、精心制作项目成果的过程。在这个过程中,教师组织学生以小组为单位,在基础性课程学习基础上,围绕核心知识,确定活动主题,通过自主探究、合作学习等方式达到深层概念理解,并完成活动任务目的。与此同时,教师应激发学生的学习积极性,向学生提供充分从事数学活动的机会,帮助他们在自主探索和合作交流的过程中真正理解和掌握基本的数学知识与技能、数学思想和方法,获得广泛的数学活动经验②。

基于项目活动的教学设计,通常包括情境导入、结构图、活动建议、评价标准四个方面。该案例围绕特殊的平行四边形这一核心内容,进行教学设计,并通过模拟学生活动展示学习成果。

---

① 该课题设计由武迪、竺坤媛、陈鹏提供。
② M.路德维希,徐斌艳.项目导向的数学教学设计[J].中学数学教学参考,2005(Z1):5-7,10.

一、情境导入

仔细观察身边的世界，你会发现，许多事物都和"特殊的平行四边形"有关。某些单位的电动伸缩门、扑克牌中的方块、地砖的图案等都是很好的体现。矩形、菱形、正方形这些特殊的平行四边形具有许多有用的性质，而且图形工整、匀称、美观，设计方便，在人们的生活和生产实际中有着广泛的应用（见图6-20）。

图 6-20　特殊的平行四边形的应用

二、结构图

特殊的平行四边形并不仅仅属于数学世界，它也是艺术、历史、物理等领域的重要概念与现象，与生活联系紧密，如图6-21所示。

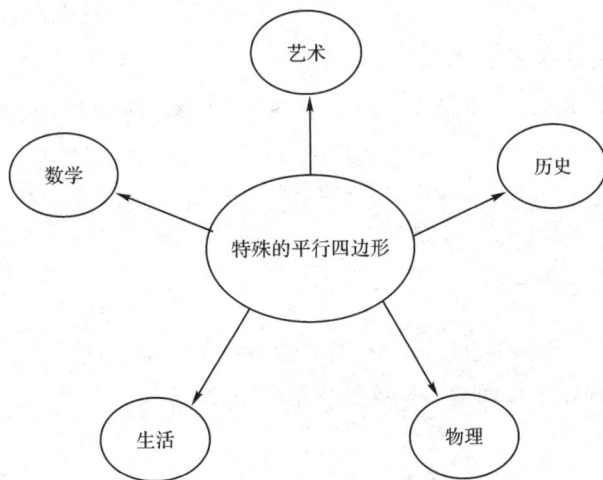

图 6-21　相关领域

想要了解"特殊的平行四边形"里丰富多彩的活动,你可能需要图 6-22 中这些数学知识。你准备好了吗?

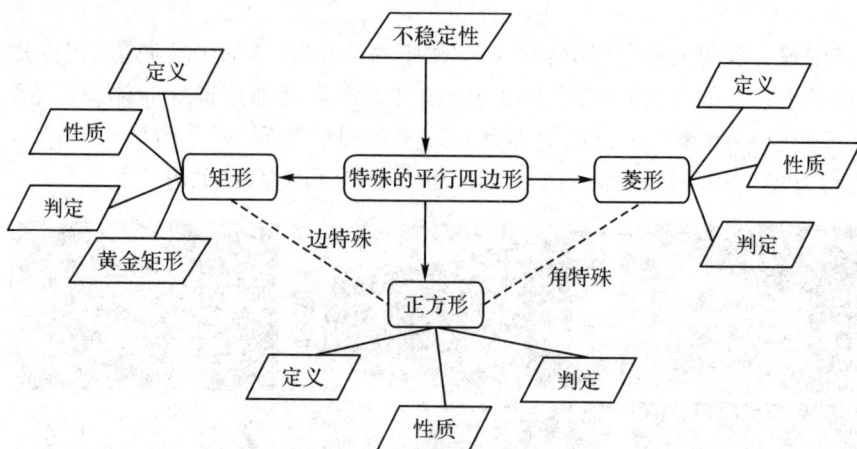

图 6-22　知识基础

三、活动建议

(一)平行四边形家族

平行四边形、矩形、菱形和正方形共同构成了"平行四边形家族",它们之间存在着什么样的联系和区别呢? 让我们制作一份平行四边形家族的族谱(Family Tree)来梳理一下!

1. 所需的数学知识

平行四边形、矩形、菱形及正方形的定义(边、角、对角线、对称性)、性质、判定等。

2. 所需材料

白纸、直尺、彩笔等。

3. 活动形式

搜集整理关于平行四边形、矩形、菱形及正方形的相关性质定理,找出这些图形之间的联系,构建平行四边形家族的族谱(Family Tree)。

4. 成果形式

小海报。

(二)奇妙的矩形家族

宽与长的比是$\frac{\sqrt{5}-1}{2}$(约为 0.618)的矩形称为"黄金矩形"。"黄金矩形"给我们以协调、匀称的美感,在很多艺术品及大自然中都能找到它。请同学们寻找一下生活中的"黄金矩形",并自己设计一款精美的产品吧!

1.所需的数学知识

矩形的性质、比例等。

2.所需材料

大卡纸、直尺、彩笔、相机等。

3.活动形式

(1)借助书籍、网络等搜集黄金矩形在实际生活中的应用。

(2)实地观察,用相机拍摄身边的"黄金矩形"。

(3)自己动手,利用"黄金矩形"设计一款产品。

4.成果形式

PPT 或数学板报呈现——"黄金矩形"的应用;实物或设计图——产品。

(三)宝藏"菱形"

观察一下学校大门口的电动门、装修工人用的电动升降机,我们发现这里的图形大多都是菱形,可见菱形在生活中用途广泛。恰逢世界环境日,请同学们利用身边的废旧物品,结合菱形的性质来制作一个实用的产品吧!

1.所需的数学知识

平行四边形、菱形的性质与特点。

2.所需材料

木棒、大头钉等。

3.活动形式

收集生活中的废旧物品(如木棒等),根据菱形的性质制作出对生活有用的产品,变废为宝。

4.成果形式

产品实物或设计图。

四、实施建议

这一活动大概需要 2.5 学时来完成。这 2.5 学时又可分为三个阶段。

第一阶段(共 0.5 学时):完成知识点的复习后,全班一起讨论本次项目活动的主题,根据各自的兴趣,选择活动项目。自由组合,分小组进行活动。每个小组制订活动计划,并按照计划开展活动。

第二阶段(共 1 学时):小组成员要明确自己在分组活动中的角色,合作完成项目。教师组织一场小组的预备讨论会,各小组初步展示项目的完成情况,对开展活动过程中遇到的困难和存在的不足,进行组间讨论,教师给予指导意见,小组成员采纳有效的建议继续完成项目。

第三阶段(共 1 学时):正式汇报。教师策划成果展示会,各小组呈现活动过程、项目成果,并对其原理进行解说,现场回答其他小组同学的各种疑问,交流学习心得。教师进行总结。

五、评价标准

项目活动的评价分为自评和他评。

表格一式两份(见表 6-8),自评表与小组成果作品放在一起,一份交由教师进行打分。

表 6-8　项目活动评价标准

具体内容	评价	高(5)	较高(4)	一般(3)	较低(2)	低(1)
项目过程	信息收集与分析					
	动手实践					
	合作交流					
项目结果	任务完成情况					
	创新程度					
项目展示	成果质量					
	讲解情况					

六、成果展示

项目一：平行四边形 Family Tree

【小组解说】这是我们组制作的"平行四边形 Family Tree"（见图 6-23），对四边形、平行四边形以及三个特殊的平行四边形（矩形、菱形、正方形）之间的关系做了梳理。我们将四边形称为"凡夫俗子"，因为它没有特殊的性质定理。利用"五指法"（即平行四边形的判定定理），得到"老祖宗"平行四边形，并从边、角、对角线以及对称性四个方面对它的性质进行进一步解读。而矩形和菱形分别是这个家族的"大儿子"和"二儿子"，分别是由"角特殊"和"边特殊"得到的特殊平行四边形，并介绍了它们的性质定理、判定定理和对称性。除了继承"老祖宗"平行四边形的共性外，它们具有自己的独特个性，而且它们还是轴对称图形。平行四边形家族里最受宠爱的就是"小孙子"正方形，它继承了平行四边形、矩形、菱形的所有性质定理，是矩形＋"边特殊"和菱形＋"角特殊"的结果，尊享荣华富贵。

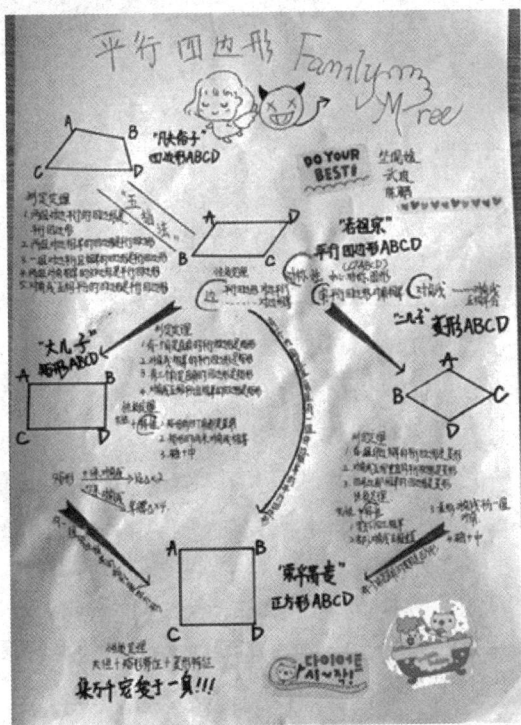

图 6-23　"平行四边形 Family Tree"小海报

项目二:"奇妙的黄金矩形"板报、黄金矩形贺卡

【小组解说】我们小组制作了一个名为"奇妙的黄金矩形"的数学板报(见图 6-24)。板报共分为两部分:知识小科普以及生活中的"黄金矩形"。知识小科普部分包括对于黄金矩形性质、特点的介绍。生活中的"黄金矩形"部分,是我们小组通过阅读书籍、查阅网上资料以及实地观察等,发现的存在于我们生活中的"黄金矩形"。具体包括:LOGO 设计中的"黄金矩形"、网页中的"黄金矩形"、建筑中的"黄金矩形"、艺术中的"黄金矩形"以及我们身边的"黄金矩形"。其中,前四块内容都是通过查阅资料所得,最后一部分是我们小组观察身边的环境、事物时,发现银行卡、宣传册、国旗等都近似黄金矩形,于是我们小组通过拍照、测量、计算,发现它们的宽与长之比都近似于黄金分割数,是生活中"黄金矩形"的好的体现。

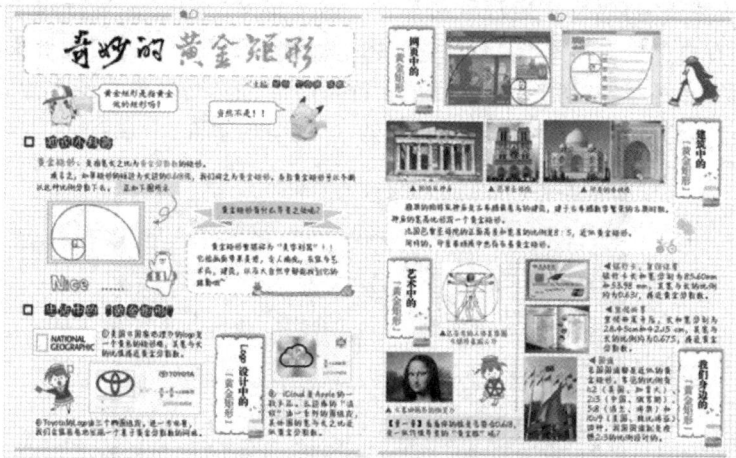

图 6-24 "奇妙的黄金矩形"数学板报

【小组解说】我们小组利用"黄金矩形"具有视觉美感这一特点,制作了一款端午贺卡(见图 6-5)。这是一张折叠式贺卡,它的首页就是一个"黄金矩形",将贺卡全部展开后,依旧是一个"黄金矩形"。我们小组也将黄金矩形的制作过程进行了整理(见图 6-26):

第一步:画一个正方形,左边两点作为黄金矩形的两个点;

第二步:从底边的中点向对角连线;

第三步:以第二步的中点为圆心,以向对角连线为半径画圆弧;

第四步:补足剩余边线,图中获得的矩形均为黄金矩形。

图 6-25　黄金矩形端午贺卡

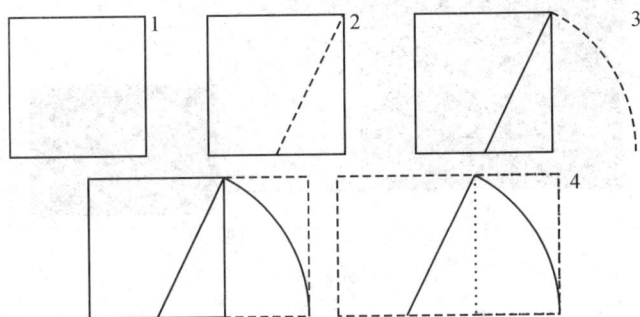

图 6-26　黄金矩形的绘制过程

黄金矩形只是一个理想化的数学模型。因为在现实生活中,我们是无法做出边长为无理数的矩形的。就如我们身边的 A4 纸一样,A4 纸的尺寸是 210mm×297mm,它的长与宽的比值也只是近似。

项目三:宝藏"菱形"设计图、实物模型

【小组解说】我们都知道 6 月 5 日是世界环境日,为了响应世界环境日的号召,我们小组根据特殊的平行四边形"不稳定性"设计了一个产品模型(见图 6-27),既对生活有用,又能达到废物利用的目的。我们利用 CAD 软件呈现设计图。如图 6-28(a)所示,当模型处于正常状态时,用钉子将其固定在墙上,便可成为一个简易的挂衣架;将其拉伸至如图 6-28(b)所示状态,加以修饰就可以变成一个实用的晾衣杆;使用完毕,将其收缩至如图 6-28(c)所示状态,可放入抽屉、衣柜等,节约空间。

图 6-27　产品模型设计图

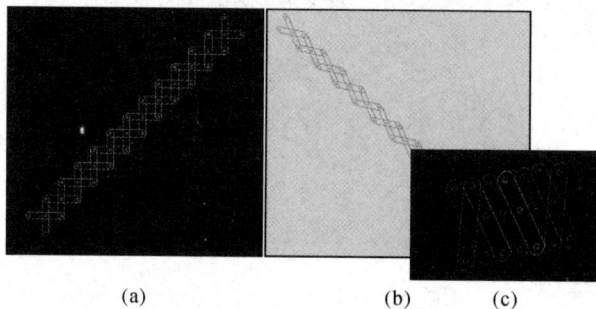

(a)　　　　　　　　　(b)　　　(c)

图 6-28

七、教学反思

"特殊的平行四边形"是浙教版八年级下册第 5 章的内容,具体包括矩形、菱形、正方形这些特殊的平行四边形的概念、性质和判定。本次项目活动旨在为学生提供更多动手操作和实践体验的机会,加深学生对"特殊的平行四边形"知识的理解,拓展数学视野,激发学习兴趣,促进数学核心素养的进一步形成和个性化发展。

在教学目标方面:本节课的教学目标包括明确平行四边形与特殊平行四边形(矩形、菱形、正方形)的特征及联系,并能利用它们的性质定理和判定定理进行实际应用。与课标中对"特殊的平行四边形"的学习要求相符。在实际课堂中,"平行四边形 Family Tree"实现了对平行四边形、特殊的平行四边形的知识梳理;"奇妙的黄金矩形"和宝藏"菱形"则从矩形、菱形的性质定理入手,展开相关应用,基本达成教学目标。

在教学形式方面:主要采用小组合作的方式,培养学生的团队意识和规则意识,并在小组中发挥各自的优势。实际活动中,各小组分工明确,各司其职,例如在"奇妙的黄金矩形"中,擅长语言表达的同学负责讲解,擅长计算机操作的同学负责制作电子板报,擅长绘画的同学负责绘制海报。每个人充分展现自我,取得了较好的效果。在各小组人数分配上,采取了平均分配的方式。但由于三个项目的难易程度不同,所需的时间、精力也存在差异。因此,在以后的项目活动中,要结合难度适当调整小组人数,使每位同学得到充分锻炼。

在教学设计方面:教学设计的创新之处在于"成果展示"环节。不拘泥于常用的 PPT 汇报形式,更支持、鼓励学生动手操作,制作板报或实物模型等,促进学生的全面发展。教学设计中也存在不足,主要是项目中缺少与"正方形的实际应用"有关的活动,涉及知识点遗漏的问题。

在教学机制方面:在"奇妙的黄金矩形"这一项目活动中,学生制作了一张黄金矩形贺卡。这是数学模型生活化的体现,给了笔者启发。笔者结合现实情况,向同学们解释黄金矩形只是一个理想化的数学模型,实际上我们是无法做出边长为无理数的矩形的,以身边常见的 A4 纸举例,A4 纸的尺寸是 $210\text{mm} \times 297\text{mm}$,它们的长与宽的比值也只是近似 $\sqrt{2}$。而由 A4 纸又可延伸到"白银比例",让学生真切地感受到数学各知识点间的"密不可分"。

在教学效果方面:学生在参与项目活动时是带着极大兴趣和热情的。在展示环节,各小组讲解清晰,对成果的特点、设计理念都进行了较为详尽的阐释。其他小组认真聆听,积极参与到讨论中去,课堂氛围活跃,学习氛围浓厚。如在"宝藏菱形"中,小组同学利用 CAD 软件呈现设计图,并展示实物模型。在该小组同学呈现"手机支架"作品时,其他小组同学提出了"体积较大、不方便携带"等疑问,给该小组的设计提供了相应的改进方向。各小组在讨论中成长,课堂反响较好。

第七章 数学拓展性课程建设展望

第一节 初中数学拓展性课程建设现状调查

自 2015 年浙江省启动深化义务教育课程改革工作以来,省内中小学拓展性课程建设已有四年,课程建设、实施和管理的水平决定了课程质量及课程改革效果。项目组结合浙江省教育厅《关于建设义务教育拓展性课程的指导意见》,从课程建设目标、内容、实施及评价几个方面入手,对浙江省内各市的初中数学拓展性课程建设现状进行问卷调查,以期为后续深入开展拓展性课程建设提供思路。

一、研究设计

(一)研究问题

问卷调查研究试图解决以下问题:

1. 初中数学拓展性课程开发、实施及评价情况如何?

2. 教师在课程开设过程中的困惑与需求是什么?

(二)问卷设计框架

根据浙江省教育厅发布的《关于建设义务教育拓展性课程的指导意见》(以下简称《指导意见》)中拓展性课程建设要求,调查省内各市初中数学教师有关初中数学拓展性课程建设原则、课程开发、课程实施及课程评价等方面的信息。具体分析调查框架如图 7-1 所示。

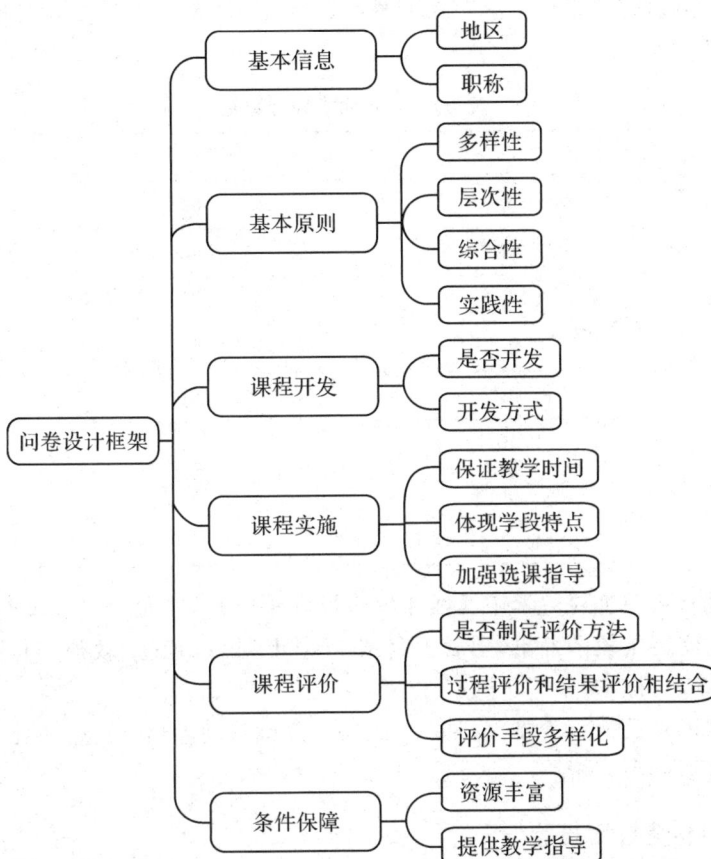

图 7-1 数学拓展性课程开发与实施现状调查框架

（三）研究对象

项目组通过问卷星上传问卷，并联系各市教研员组织初中数学教师填写问卷，总共回收有效问卷 1000 份。根据浙江省各市最新统计年鉴[①]中初中教师数量比值确定各市分析问卷数量，同时考虑到某些市回收问卷数量较少，若将其作为样本数

---

① http://tjj. hangzhou. gov. cntjnjnj2018/12. pdf.

http://wztjj. wenzhou. gov. cn/art/2018/11/20/art_1468712_25396311. html.

http://tjj. jinhua. gov. cntjnjnj2018/2018nj12-6. htm.

http://zstj. zhoushan. gov. cn/art/2019/2/26/art_1630152_30529630. html.

http://tjj. lishui. gov. cnsjjwtjnj/201811/W020181226556712369645. pdf.

http://zjjcmspublic. oss-cn-hangzhou. aliyuncs. com/jcms_files/jcms1/web2764siteattach/0/24c06b30d38b4c8283ca4da072dd8139. pdf.

量标准会影响研究结果,因此,删除了回收问卷量较少的市。最终确定各市分析样本量如表 7-1 所示。

表 7-1 各市问卷抽样数量

市	数　量
A 市	91
B 市	169
C 市	43
D 市	89
E 市	14
F 市	25
G 市	25
总计	456

考虑到特级教师对数学拓展性课程建设的重要性,在对上表各市问卷样本进行抽样前先将特级教师抽出,随后再利用 Matlab 对各市其余教师进行随机抽样,最终得到 456 份样本。

为数据记录及计算需要,按照一定的编码规则对问卷信息进行量化处理,以便计算机进行识别和分析。

(四)问卷信效度检验

信度检验方面,研究利用 SPSS 软件分析得到样本问卷的科隆巴赫 α 系数为 0.960,即数据具有较高的信度。

效度检验方面,首先在编制问卷时,考虑到各学校及教师自身情况的不一致,对问卷的题量设置、题项数量、类型以及内容的划分通过多次修改调整,并进行小部分发放测试,使其更具科学性以及合理性,以此保证问卷的内容效度。

其次,测量和验证了量表的内容效度。问卷量表主要集中为两类:一类为教师课堂实施情况量表;另一类为目前数学拓展性课程实施条件量表。其中课程实施条件量表主要用于基于验证性因子分析构建模型评价数学拓展性课程实施情况,利用 SPSS 软件进行效度分析得到的结果如表 7-2 所示。

表 7-2　问卷效度 KMO 值及显著性

量　表	KMO 值	显著性
教师数学拓展性课程课堂实施情况	0.948	0.000
数学拓展性课程实施条件	0.935	0.000

从上表可知,两类量表时 KMO 值都大于 0.700,即问卷结构效度良好。

二、研究结果

(一)课程建设目标:仅有 58％的教师了解初中数学拓展性课程建设目标

数学拓展性课程的实施者为教师,因此教师对于数学拓展性课程建设目标的了解程度将直接影响其教学设计以及教学方法,调查表明 58％的教师选择"知道",而 42％的教师选择"不知道"。且通过提取教师所填拓展性课程建设目标的关键词(见表 7-3)可知,教师对拓展性课程建设目标的认识主要集中为培养学生兴趣及学科素养或核心素养、拓展学生思维,即教师对拓展性课程建设目标的认识基本符合《指导意见》中提出的课程建设要求。

表 7-3　教师填写拓展性课程目标关键词

关键词	数　量
兴趣	57
素养	45
学科素养	5
核心素养	17
思维	59
拓展	55
生活	9

(二)课程实施

课程实施主要涉及两个层面:一是学校;二是教师。学校决定初中数学拓展性课程的开设频率及开设年级,教师主导数学拓展性课程的课堂教学效果。因此研究从学校、教师两个层面调查浙江省初中数学拓展性课程实施现状,调查结果如下。

1.课程安排:62.1%的教师所在学校已开设数学拓展性课程

调查表明,初中数学拓展性课程在浙江省内尚未全面普及。62.1%的教师所在学校已开设数学拓展性课程,而37.9%的教师所在学校没有开设数学拓展性课程。未开设原因统计结果如表7-4所示(该题为多选题)。其中,42.2%的老师指出是因为学校没有要求开设;由于准备还不充分,缺少课程资源、经验与培训等客观原因导致未开设的占38.1%;认为会加重学生学业负担而不开设的占19.7%。在"其他"这个选项中,有4名教师认为学校缺乏资源,教师缺少经验与培训;有1名教师认为没有合适教材以及是新办学校,条件不够成熟。由表7-4可知,大多未开设数学拓展性课程的学校主要原因集中在方案不够完善以及上级未通知开设两个方面。

表7-4 学校未开设数学拓展性课程的原因

未开设原因选项	百分比
A.准备实施,但方案还不够完善	33.5%
B.不想加重学生学业负担	19.7%
C.校领导未通知需要开设数学拓展性课程	42.2%
D.其他	21.4%

从初中数学拓展性课程开课课时上看,已开课学校的课时安排均高于文件要求,浙江省义务教育课程设置及课时安排中提出初中拓展性课程平均周课时为6—7,其中知识拓展类课程比例不得超过30%[①],而数学只是其中一门知识类课程,因此初中数学拓展性课程每周最多开设1—2课时。对所在学校已开设数学拓展性课程的教师进行深入调查可知,91.9%的老师所在学校数学拓展性课程每周开设1—2课时,每周3—4课时的占5.7%,每周超过3—4课时的占2.5%。从开设年级上看,85.5%的学校在七年级开设数学拓展性课程,81.6%的学校在八年级开设,而在九年级开设的只占31.4%,即初中数学拓展性课程主要是在七、八年级开设。

2.课程开发:自编教材比例最高,其次是选用《数学新探索》

从课程教学内容来源上看,所在学校开设数学拓展性课程的教师中,有80.2%的教师开设过数学拓展性课程。这些教师在选择数学拓展性课程教学资源时,约40%是自编教材,约30%选用《数学新探索》,也有少部分教师选用尖子

---

① 浙江省教育厅.关于建设义务教育拓展性课程的指导意见[EB/OL].http://www.zjedu.gov.cnnews142778441751261711.html,2015-12-01.

生教材,如表 7-5 所示。

表 7-5　教学资源主要来源统计

方　式	数　量
A.选自浙教版拓展性课程教材《数学新探索》	29.5%
B.自编拓展性课程教材	39.2%
C.选用课外教材	25.6%

其中在学校开设数学拓展性课程的教师中,又有 69.3% 的教师参与过初中数学拓展性课程的开发,且以校内教研组合作开发、个人自主开发为主,也有部分是在教研员帮助下共同开发的。

表 7-6　教师所在学校数学拓展性课程开发方式

开发方式	比　例
A.教师个人自主开发设计,申报学校审批	57.7%
B.同一年级数学组进行讨论设计	80.6%
C.由学校或教研组讨论设计、共同开发	50.5%
D.根据数学课程标准所提示内容,在教研员帮助下共同开发	28.6%

3.课程实施:层次性与综合性有待加强

《指导意见》中指出,学校在开设拓展性课程时需遵循层次性、实践性、综合性原则。在层次性方面体现学段教学要求,尊重个别差异,为不同层次的学生提供适合的课程。调查显示,对于学校开设了数学拓展性课程的教师,有 53.4% 选择所在学校以学生自主选课形式开设拓展性课程,有 12.4% 选择学校挑选部分班级尝试性开设课程,有 16.6% 选择学校以班级形式均为所有班级开设,仅有 17.7% 选择学校按学生层次不同进行分班开展。学校开设数学拓展性课程时考虑到了学生自主选择性,但是在提供层次性的数学拓展性课程方面有待提高。

在实践性方面,要为学生提供更多的动手操作、实践体验、合作学习的机会,丰富学生的学习经历。调查显示,教师对其在课堂教学中实践性各方面的自我评价较为中肯,约 60% 的教师认为自己在课堂教学中为学生提供动手操作、合作学习、实践体验的机会等方面做得比较符合要求,约 67% 的教师反映在课堂教学中学生会有积极的反应(见图 7-2)。

为学生提供了较多的动手操作的机会

- □ 完全符合
- ▨ 比较符合
- ▦ 一般
- ▩ 较不符合
- ■ 不符合

为学生提供了较多的合作学习的机会

- □ 完全符合
- ▨ 比较符合
- ▦ 一般
- ▩ 较不符合
- ■ 不符合

为学生提供了较多的实践体验的机会

- □ 完全符合
- ▨ 比较符合
- ▦ 一般
- ▩ 较不符合
- ■ 不符合

数学拓展性课程课堂教学中学生反应积极

- □ 完全符合
- ▨ 比较符合
- ▦ 一般
- ▩ 较不符合
- ■ 不符合

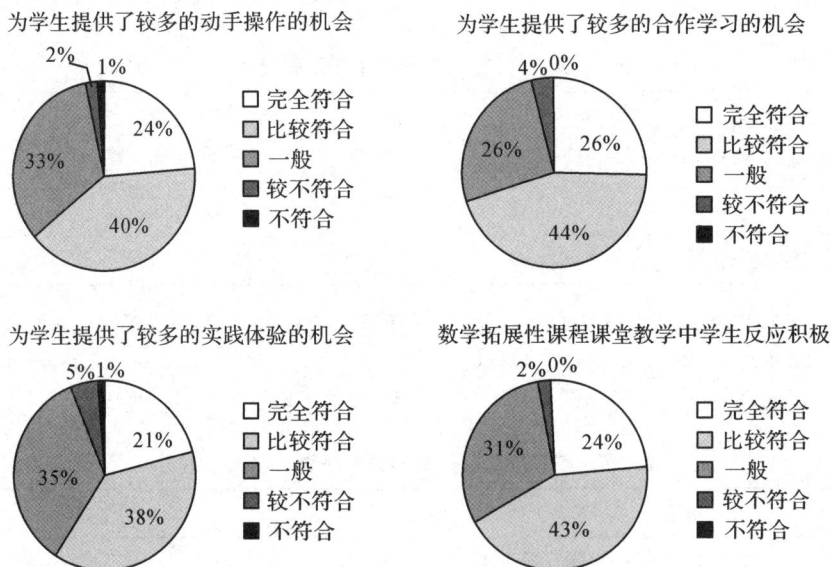

图 7-2　课堂教学实施情况

从课程教学内容的综合性上看,要设计项目式、主题式、探究式学习活动,创设有意义的真实学习情境,增强学生的探究精神和综合素质。在开设数学拓展性课程的教师中,他们在设计学习活动时,以趣味数学与游戏为主,其次是数学实验与探究、生活数学与应用,活动设计体现了主题式与探究式,如图 7-3 所示。

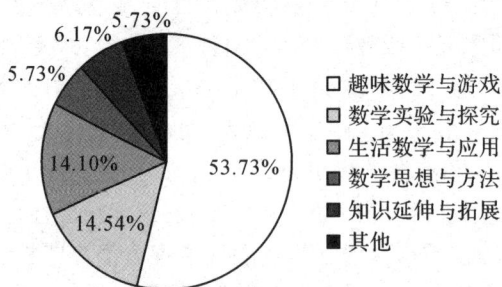

- □ 趣味数学与游戏
- □ 数学实验与探究
- ▨ 生活数学与应用
- ▦ 数学思想与方法
- ■ 知识延伸与拓展
- ■ 其他

图 7-3　活动主题分布图

4.课程评价:过程评价与结果评价相结合,但仍以书面评价为主

课堂教学评价是科学指导教学工作的一种手段,是为了解、诊断、评定、调整与促进教学服务的。因此数学教学评价不仅要重结果,更要重过程,而数学拓展性课程目前并未有统一的评价方式,据浙江省教育厅《指导意见》中要求,通过多样化的评价手段将过程评价和结果评价相结合,能够更合理地对学生综合素质进行评价。

调查结果显示,在开展了数学拓展性课程的学校中,有 53.7% 制定了评价方式,有 46.3% 未制定。制定评价标准的学校的评价方式和教师自行评价的方式如图 7-4 所示。

制定评价标准的学校评价方式　　　　　　教师自行评价方式

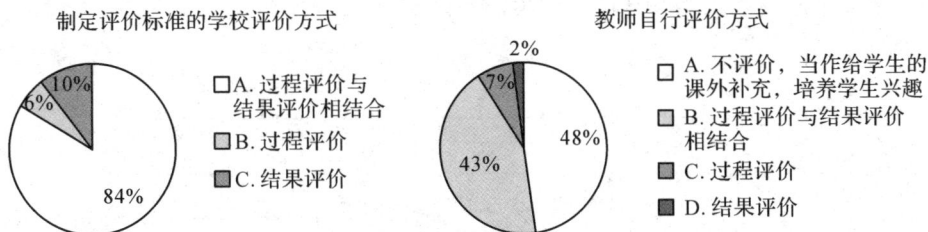

图 7-4　评价方式

从图 7-4 中可知,制定评价标准的学校的评价方式主要集中于过程评价与结果评价,而教师自行评价的方式主要集中于不评价和过程评价与结果评价。因此在制定了评价标准的学校对于数学拓展性课程的评价更具综合性,继而观察评价手段,得到如图 7-5 所示的折线图。

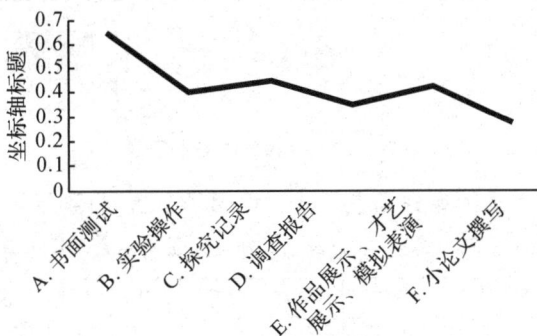

图 7-5　评价手段

观察图 7-5 可知,研究对象采用的是以书面测试为主,兼顾实验操作、探究记录、问卷调查等多样化的评价手段的评价方式。

(三)课程实施评价:基于验证性因子分析构建模型,评价数学拓展性课程实施情况

已有研究提出课程实施的影响因素分析主要为:课程改革自身特征;区域条件;教师及学校行政人员;环境因素;学校建设[①]。考虑到浙江省教育厅对课程的实施持高度支持态度,同时结合拓展性课程建设目标,即更好地帮助每一位学生实

---

① 李迪.课程实施的影响因素分析[J].黑龙江教育(理论与实践),2016(9):15-16.

现全面而有个性的发展,将以上五个因素整合在问卷 10 个问题中①。具体而言,从学生维度设计问题 A1—A4,学校维度设计问题 B1—B3,教师维度设计问题 C1—C3,这 10 题都设计成李特克量表形式,并通过 Amos 结构方程模型构建学校、教师及学生三维度的数学拓展性课程实施评价模型,如图 7-6 所示。

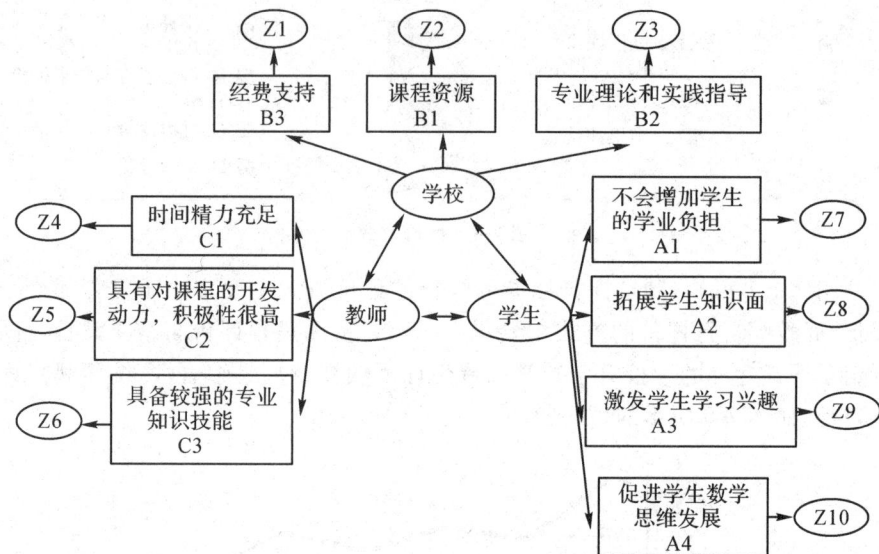

图 7-6   Amos 结构方程模型图

利用 Amos 对上述模型数据进行验证性因子分析,得到结果如表 7-7 所示。

表 7-7   各市数学拓展性课程实施情况评价模型拟合度

	X^2/df	RFI	CFI	IFI	NFI	RMSEA
数值	2.643	0.949	0.982	0.982	0.972	0.085
标准	<3.0	>0.9	>0.9	>0.9	>0.9	<0.900
匹配度	较好	较好	较好	较好	较好	符合

观察表 7-7 可知,$X^2/df<3.0$ 说明此模型是显著的,RMSEA<0.9 说明此模型误差不大,而 RFI、CFI、IFI、NFI 均大于 0.9,则认为此模型拟合度较好,综上所述可知该模型的匹配度较好。

通过验证性因子分析已证明将 10 个因子按照学校、教师和学生三维度进行分类是可行的,而这三个指标构成了最终评价数学拓展性课程实施情况的指标,但每个因子对于最终的实施情况的影响程度不同,因此构建层次分析模型,最终得到每

----

① 附件问卷中第 16 题的 5—8,第 21 题的 6 个小题。

个因子在这三维度中的权重,并得到这三项指标在实施情况评价中的权重,从而建立实施情况评价体系,如图 7-7 所示。

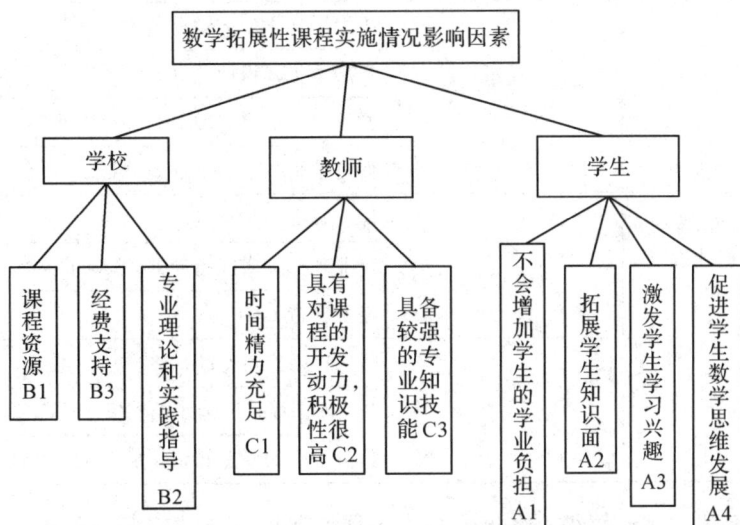

图 7-7 数学拓展性课程实施情况影响因素

措施层对准则层三个因素的两两判断矩阵分别为:

$$A=\begin{pmatrix} 1 & \frac{1}{4} & 1 & \frac{1}{4} \\ 4 & 1 & 4 & 1 \\ 1 & \frac{1}{4} & 1 & \frac{1}{4} \\ 4 & 1 & 4 & 1 \end{pmatrix} \quad B=\begin{pmatrix} 1 & \frac{5}{4} & \frac{5}{2} \\ \frac{4}{5} & 1 & 2 \\ \frac{2}{5} & \frac{1}{2} & 1 \end{pmatrix} \quad C=\begin{pmatrix} 1 & \frac{2}{3} & \frac{1}{3} \\ \frac{3}{2} & 1 & \frac{1}{2} \\ 3 & 2 & 1 \end{pmatrix}$$

对三个矩阵进行一致性检验得到 CI＝0、CR＝0,因此矩阵通过检验,得到 10 个因素的权重,再通过 10 个因素的权重计算学校、教师以及学生三维度的分值,用相同的方法继续得到三维度的权重,最终结果如表 7-8 所示。

表 7-8 数学拓展性课程实施情况评价

目标层 O	准则层 C	措施层 P
数学拓展性课程 实施情况评价	学生 (0.164)	不会增加学生的学业负担 A1(0.1)
		拓展学生知识面 A2(0.4)
		激发学生学习兴趣 A3(0.1)
		促进学生数学思维发展 A4(0.4)
	学校 (0.493)	课程资源 B1(0.455)
		专业理论和实践指导 B2(0.364)
		经费支持 B3(0.182)
	教师 (0.342)	时间精力充足 C1(0.182)
		具有对课程的开发动力,积极性很高 C2(0.273)
		具备较强的专业知识技能 C3(0.545)

通过上述权重计算得到各城市数学拓展性课程得分,如表 7-9 所示。

表 7-9 各城市数学拓展性课程得分

城　市	学　生	学　校	教　师	得　分
A	3.756277778	3.634611111	4.351851852	3.808586
B	3.11642029	3.300188406	4.186956522	3.351721
C	3.549	3.517608696	4.191304348	3.640053
D	3.453081	3.429838	3.983784	3.528714
E	3.529842	3.401789	4.278947	3.486835
F	3.627	3.694714	4.028571	3.605372
G	3.367	3.297273	4.263636	3.712389

得到实施情况排序为 A—G—C—F—D—E—B。从表 7-9 中可知,B 市在学生维度得分明显最低,在学生、学校、教师三个维度中 B 市得分都不高,特别是在学生维度得分最低。

(四)教师困惑:设计教学内容、渗透核心素养及教学组织与评价

为有效展开后续数学拓展性课程培训指导,研究调查了教师对于课程建设过程中存在的困惑,研究显示,开展过数学拓展性课程的教师对以下 7 个方面均存在一定的疑惑,但主要疑惑集中于教学主题的选择、教学内容的设计以及核心素养的渗透,如表 7-10 所示。

表 7-10　拓展性课程课堂实施存在的疑惑

存在疑惑	百分比
A. 教学主题的选择	45.4%
B. 教学内容的设计	58.6%
C. 问题的设计	39.2%
D. 核心素养的渗透	58.1%
E. 活动的组织	30.4%
F. 教学行为(如提问、反馈等)	23.3%
G. 教学评价	34.4%

第二节　初中数学拓展性课程建设展望

　　初中数学拓展性课程的建设与实施,能有效化解基础性课程教材中重要栏目的落实与教学课时限制之间的矛盾,是对基础性课程实施瓶颈的有效突破。拓展性课程建设不仅是深化义务教育课程改革的重要措施,也是提高学校课程建设能力与教师教学实践能力的有效途径。

　　初中数学拓展性课程建设之路漫漫其修远兮,但结合已有课程建设经验及实践现状,未来建设之路应在以下几个方面继续努力。

一、加强有关拓展性课程建设与实施的观摩培训,突出核心素养培育的教学开发与实践研究

　　核心素养是学生在接受相应学段的教育过程中,应具有的适应个体终身发展和社会发展需要的必备品格和关键能力[①]。从教师对拓展性课程建设目标的了解程度来看,目前仍有 42% 的教师不知道拓展性课程建设的目标,存在将拓展性课程视为拔高课程的情况,未在课堂中加强对于学生核心素养培养的要求,因此首先应加强教师对数学拓展性课程的认识。其次,由于一半以上的教师对于如何在拓展性课程课堂教学中渗透核心素养存在困难,而影响课程实施的因素除了资金投入与教师的时间精力投入外,教师的积极性、专业指导能力影响也较大,因此,加强

---

　　① 张玉彬. 以培养学生核心素养为导向的课堂教学[J]. 基础教育参考,2018(7):60-61.

指向核心素养培育的课堂教学观摩与实践指导势在必行。最后,拓展性课程在实践过程中教师还应注重拓展性课程的层次性。

二、加大《数学新探索》教材推广力度,为教师提供课程内容及主题选择

选择合适的主题,围绕主题创设情境进行教学,有助于教师在数学拓展性课程中更好地培养学生学科素养。根据调查结果,仍有 45.4% 的教师对数学拓展性课程主题的选择存在疑惑,在教材的选择上使用自编拓展性课程教材或者尖子生教材的占比最高,因此需要为教师提供更加合理且具有层次性的教材以帮助其进行主题选择。近期出版的《数学新探索》为满足不同学生的学习需求,设计了六个主题的数学拓展性课程,根据不同学段设计不同的拓展性课程,较好地体现了数学拓展性课程的层次性。

因此,加大《数学新探索》教材推广力度,在网络媒体或者各市教育局进行推广,组织教师一同进行教材的研读,能够加强其对拓展性课程的理解,在未来也能更好地开设数学拓展性课程。

三、强化课例研究,探索数学拓展性课程课堂教学新范式

积极开展数学拓展性课程课堂教学优秀课例研究,以"素养指向,学为中心"为理念,在"三环四步"课堂教学模式基础上,探索各主题下数学拓展性课程课堂教学新范式(见图 7-8)。"三环"指"经验材料的数学组织、数学材料的逻辑组织及数学理论的应用"三个环节;"四步"指"自主探索、小组合作、全班交流、反思归纳"四个步骤。

在四个步骤中,渗透学生学的五个关键字:"读、思、议、悟、练"。即在自主探索阶段,教师提供学习资源,引导学生通过独立阅读理解,思考其中的问题。在独立探索思考基础上,组织学生开展小组合作互助,并就各小组解决问题的不同方法、困惑等组织全班交流展示,教师采用鼓励、设疑、追问、变式等方式引导拓展。最后引导学生在独立反思归纳的基础上,师生共同梳理活动过程,提炼并感悟数学思想方法。在提炼方法后,若需要可引导学生用新学知识进行练习巩固,与读、思结合,并进行后续环节学习。

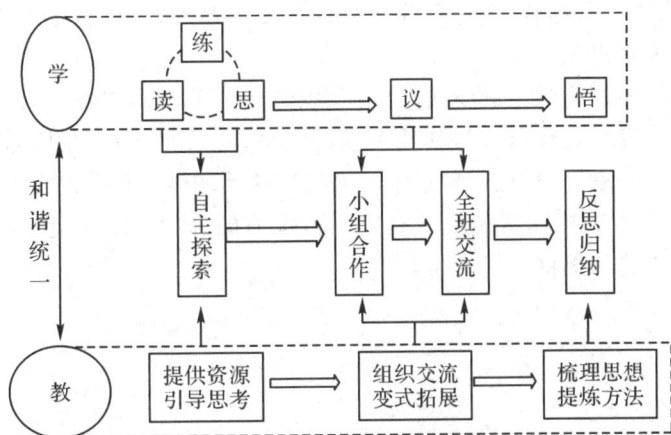

图 7-8 数学拓展性课程课堂教学新范式

四、基于 STEAM 理念制定数学拓展性课程评价标准,实现评价手段多样化

研究表明,制定了课程评价标准的学校教师往往会将过程评价与结果评价相结合来对学生进行评价,未制定课程评价标准的学校教师往往不评价,而评价手段作为了解教师教学效果和学生学习效果的工具在日常教学中是必不可少的。因此制定课程评价标准能够更好地帮助教师对学生进行评价。

调查结果显示,目前各个学校针对数学拓展性课程的评价仍主要集中于书面测试,多样化的评价手段将对学生的学习动机起到激发作用,因此建议在制定数学拓展性课程评价标准的过程中借鉴 STEAM 理念,实现评价手段多样化。以产品作为学习结果,是 STEAM 理念下的整合学习的最大特点[①],即以实验报告、实践产品创造发明等呈现个性化学习成果,不局限于以往的书面测试形式,以评价促进学生勤于反思、自我管理、批判质疑、勇于探究等能力的提高。

五、以"课程融合,学科育人"为导向实现课程育人目标,落实课程思政

《数学新探索》在内容设计上注重拓展性课程与基础性课程内容的融合、人文精神与科学精神的融合。在教学中,通过深入挖掘数学学科内容中的德育元素,有效提升学生的德育素养。如在"分式比大小:哪种加油方式更合算"的教学中,将分

---

① 朱元华.STEAM 理念下的小学数学拓展性课程实践研究[J].课程教学研究,2017(10):88-94.

式特征与现实生活相结合,渗透勤俭节约的传统美德与"勿以善小而不为,勿以恶小而为之"的德育思想。

与此同时,通过为学生创设实践操作、思考感悟的时间与空间,让学生深度思考知识的产生、发展过程以及与其他事物的联系,并适当迁移,以培养学生感性具象思维、抽象逻辑思维、理性具象思维。拓展性课程教学在育人过程中凸显数学特质,通过培养学生的探究精神及求真、求美、求简的理性思维,以实现课程育人目标,为落实课程思政提供了新途径。

参考文献

[1] 课程教材研究所.20世纪中国中小学课程标准:数学卷[M].北京:人民教育出版社,2001:648.

[2] M.路德维希,徐斌艳.项目导向的数学教学设计[J].中学数学教学参考,2005(21):5-7,10.

[3] 陈洪远.初中数学拓展性课程开发与实施的研究[J].中学数学教学参考(中旬),2017(14):52-56.

[5] 陈小芳,陆佳.拓展型课程执行的现状、问题及其反思[J].教育参考,2016(3):106-112.

[7] 程红兵.围绕核心素养,探究面向未来的课程结构变革[J].课程·教材·教法,2017,3(1):16-21.

[8] 范文翔,赵瑞斌,张一春.美国STEAM教育的发展脉络、特点与主要经验[J].比较教育研究,2018(6):17-26.

[9] 顾美丽,熊伟荣.小学教师拓展性课程开发的现状与改善策略[J].浙江教育科学,2017(1):18-20.

[10] 桂德怀,徐斌艳.数学素养内涵之探析[J].数学教育学报,2008,17(5):22-24.

[11] 何萍.基于教材的初中数学拓展性课程资源开发的途径和方法[J].中学数学杂志,2018(10):5-7.

[12] 何小亚.数学核心素养指标之反思[J].中学数学研究(华南师范大学版),2016(13):1-4,53.

[13] 何小亚.学生"数学素养"指标的理论分析[J].数学教育学报,2015,24(1):13-20.

[14] 洪燕君,周九诗,王尚志等.《普通高中数学课程标准(修订稿)》的意见征询——访谈张奠宙先生[J].数学教育学报,2015,24(3):35-39.

[15] 黄璐,裴新宁.科学理性主义视野下的STEAM教育思考:知识融通[J].比较教育研究,2018,40(6):27-34.

[16] 黄平生.对中学研究型课程的再认识[J].课程·教材·教法,2015,35(2):

102-106.

[17] 黄友初.我国数学素养研究分析[J].课程·教材·教法,2015,35(8):55-59.

[18] 蒋华.高中化学拓展型课程开设现状的调查研究[J].化学教学,2013(2):11-13.

[19] 康世刚,宋乃庆.论数学素养的内涵及特征[J].数学通报,2015,54(3):8-11,43.

[20] 康世刚.数学素养生成的教学研究[D].重庆:西南大学,2009.

[21] 孔企平.西方数学教育中"numeracy"理论初探[J].全球教育展望,2001(4):56-59,6.

[22] 李春密,赵芸赫.STEM 相关学科课程整合模式国际比较研究[J].比较教育研究,2017,39(5):11-18.

[23] 李榕荣.基于创新初中科学拓展性课程开发的策略研究[J].文化创新比较研究,2018,2(27):141-142.

[24] 李胜建.有效实施拓展性课程的思考[J].教育月刊·中学版(语文教学),2016(10):9-12.

[25] 李星云.基于数学核心素养的小学数学教师课程体系建构[J].教育理论与实践,2016,36(11):45-48.

[26] 吕立杰,袁秋红.校本课程开发中的课程组织逻辑[J].教育研究,2014,35(9):96-103.

[27] 吕世虎,吴振英.数学核心素养的内涵及其体系构建[J].课程·教材·教法,2017,37(9):12-17.

[28] 马云鹏.关于数学核心素养的几个问题[J].课程·教材·教法,2015,35(9):36-39.

[29] 潘小明.关于数学素养及其培养的若干认识[J].数学教育学报,2009,18(5):23-27.

[30] 钱郁.关于开发生物拓展型课程的理性思考[J].和田师范专科学校学报,2005(4):133-134.

[31] 史淑莉.数学素养视阈下初高中数学衔接问题研究[J].数学教育学报,2017,26(4):30-33.

[32] 苏强.发展性课程观:课程价值取向的必然选择[J].教育研究,2011,32(6):81-86.

[33] 苏淞,黄四林,张红川.论基于核心素养视角的财经素养教育[J].北京师范大学学报(社会科学版),2019(2):73-78.

[34] 王冰.提高学生数学核心素养的基本策略[J].大连教育学院学报,2016,32

(1):39-40.

[35] 王建磐.主要国家高中数学教材的比较研究[J].课程·教材·教法,2011,31(7):105-106.

[36] 王菊女.例谈数学拓展性课程开发的途径[J].教学月刊小学版(数学),2016(4):23-27.

[37] 王宽明,刘兴福.澳大利亚 Nelson 小数数学教材编写特点研究——基于知识学习的视角[J].数学教育学报,2016,25(4):54-48.

[38] 王林.我国目前数学活动经验研究综述[J].课程·教材·教法,2011,31(6):43-49.

[39] 王晓峰,蒋妍兮.数学实验是形成学科核心素养的有效途径——实验教学"打印纸中的数学"的实践与思考[J].数学通报,2018,57(10):18-21,25.

[40] 王子兴.论数学素养[J].数学通报,2002(1):6-9.

[41] 徐斌艳.高中数学教材探究内容的分析指标体系及比较研究[J].课程·教材·教法,2012,32(10):35-40.

[42] 徐斌艳.数学学科核心能力研究[J].全球教育展望,2013,42(6):67-75,95.

[43] 许灵嘉.初中数学拓展性课程的"哺育"和"反哺"——"平方根"与"无理数的由来"对比研究[J].中学数学,2017(6):32-36.

[44] 严碧友.中学数学游戏教学的调查和反思及其教学原则[J].数学教育学报,2013,22(3):44-48.

[45] 叶立军,董婷婷.义务教育阶段数学拓展性课程教学特征及策略研究[J].中小学教师培训,2019(4):56-58.

[46] 叶立军,许芬英.数学新探索[M].杭州:浙江教育出版社,2017:10.

[47] 余自强.高中生物课程内容及"稳态与环境"模块的分析[J].课程·教材·教法,2004(9):54-58.

[48] 喻平.数学核心素养评价的一个框架[J].数学教育学报,2017,26(2):19-23,59.

[49] 曾峥,杨豫晖,李学良.数学史融入初中课堂的案例研究[J].数学教育学报,2019,28(1):12-18.

[50] 张奠宙,戴再平.中国数学教学中的"双基"和开放题问题解决[J].数学教育学报,2005,14(4):1-8.

[51] 张奠宙,李仕锜,李俊.数学教育学导论[M].北京:高等教育出版社,2003:54.

[52] 张奠宙.数学教育研究导引[M].南京:江苏教育出版社,1994.

[53] 浙江省教育厅.关于深化义务教育课程改革的指导意见[EB/OL]. http://

www. zjedu. gov. cnnews142778441751261711. html,2015-12-01.

[54] 浙江省教育厅办公室. 关于建设义务教育拓展性课程的指导意见[EB/OL]. http://www. zjedu. gov. cnnews144254482730557300. html,2015-12-01.

[55] 郑强. 数学素养与数学教学[J]. 山东教育学院学报,2006(5):118-119,128.

[56] 中华人民共和国教育部. 普通高中数学课程标准(2017 年版)[S]. 北京:人民教育出版社,2018.

[57] 中华人民共和国教育部. 普通高中数学课程标准(实验)[S]. 北京:人民教育出版社,2003.

[58] 中华人民共和国教育部. 义务教育数学课程标准(2011 年版)[S]. 北京:北京师范大学出版社,2012.

[59] 钟启泉."核心素养"赋予基础教育以新时代的内涵[J]. 上海教育科研,2016(2):1.

[60] 周慧,綦春霞. PISA2012 数学素养测试分析框架及例题分析[J]. 教育测量与评价(理论版),2015(5):36-42.

[61] 朱立明,胡洪强,马云鹏. 数学核心素养的理解与生成路径——以高中数学课程为例[J]. 数学教育学报,2018,27(1):42-46.

[62] 朱立明. 基于深化课程改革的数学核心素养体系构建[J]. 中国教育学刊,2016(5):76-80.

[63] KILPATRICK J. Understanding mathematical literacy：the contribution of research[J]. Educational Studies in Mathematics,2001(47):101-116.

[64] LENGNINK KATJA, DARMSTADT. Reflecting mathematic：an approach to achieve mathematical literacy [J]. Zdmthe International Journal on Mathematics Education, 2005:246-249.

[65] PISA 2012 Assessment and Analytical Framework Mathematics，Reading，Science，Problem Solving and Financial Literacy [EB/OL]. http://www. oecd. orgpisapisaproducts/PISA％202012％20framework％20e-book_final. pdf，2014-02-12.

[66] STEEN L A. Numeracy[J]. Daedalus,1990(119):211-231.

[67] TAMSIN MEANEY. Weighing up the Influence of Context on Judgements of Mathematical Literacy [J]. International Journal of Science and Mathematics Education, 2007(5):681-704.

[68] http://www. zjedu. gov. cnnews142778441751261711. html,2015-12-01.

[69] http://www. zjedu. gov. cnnews144254482730557300. html,2015-12-01.